# Hartz und die Reform der Arbeitsvermittlung

Wie können private Vermittler die Effizienz in der Arbeitsvermittlung steigern?

von

Thomas Eisenbach

Tectum Verlag
Marburg 2004

**Eisenbach, Thomas:**
Hartz und die Reform der Arbeitsvermittlung.
Wie können private Vermittler die Effizienz in der Arbeitsvermittlung steigern?
/ von Thomas Eisenbach
- Marburg : Tectum Verlag, 2004
ISBN 978-3-8288-8651-3

© Tectum Verlag

Tectum Verlag
Marburg 2004

# Inhaltsverzeichnis

# 1   Einleitung

Am 16. Januar 2002 veröffentlichte der Bundesrechnungshof eine
Prüfungsmitteilung, aus der hervorging, dass nur ein Drittel der
von der Bundesanstalt für Arbeit (BA) für sich verbuchten Vermittlungen von Arbeitslosen tatsächlich von der Bundesanstalt selbst
erreicht wurden wurden.

Dieser Skandal führte zu Umstrukturierungen der BA und zur
Reform der von ihr ausgeübten Arbeitsvermittlung. Zudem diente
er Medien, Politik und Fachleuten als Anlass, bereits seit Jahren bestehende Defizite in der Arbeitsvermittlung näher zu untersuchen.
Eine der häufigsten Forderungen ist die Öffnung der Arbeitsvermittlung für mehr Wettbewerb, die auch eine stärkere Einbeziehung
privater Vermittlungsagenturen vorsieht.

Als eine der ersten Reaktionen führte das Bundesarbeitsministerium im April 2002 Vermittlungsgutscheine ein, die vom Arbeitsamt
ausgegeben werden und mit denen jeder Arbeitslose eine private Arbeitsvermittlungsagentur beauftragen kann, für ihn eine passende
Arbeitsstelle zu suchen.

In Deutschland ist diese im Gutscheinsystem vorgesehene Zusammenarbeit zwischen öffentlicher und privater Arbeitsvermittlung bezüglich fast aller Arbeitslosen etwas vollständig Neues, da
bis 1994 die Bundesanstalt das Monopol für Arbeitsvermittlung in-
nehatte und seitdem nur in Randbereichen mit privaten Agenturen
zusammenarbeitete.

Ziel dieser Diplomarbeit ist es, dieses Gutscheinsystem mit seinen bereits umgesetzten Charakteristika sowie einige weitere diskutierte Reformvorschläge für die Zusammenarbeit zwischen BA
und privaten Agenturen in der Arbeitsvermittlung auf ihre Effizienz hin zu untersuchen. Diese Analyse werde ich mit Hilfe eines
auf den Konzepten der „Neuen Institutionenökonomik" basierenden

Modells durchführen. Anhand dieses neuen Modells wird in verschiedenen Variationen analysiert, welche Faktoren und Probleme bei der Zusammenarbeit von Arbeitsamt, Vermittlungsagenturen und Arbeitslosen berücksichtigt und welche Honorarsysteme und Anreize gesetzt werden sollten, damit ein effizientes Ergebnis in der Arbeitsvermittlung erreicht werden kann.

Die Analyse der Zusammenarbeit zwischen Arbeitsamt und Agenturen wird rein theoretisch anhand dieses ökonomischen Modells durchgeführt. Ziel dieser theoretischen Analyse ist es, mit ihren Ergebnissen Empfehlungen für weitere empirische Forschung und in begrenztem Maße auch für die politische Umsetzung geben zu können. Bei Empfehlungen für die politische Umsetzung ist jedoch zu beachten, dass einige strenge Annahmen im Modell realitätsrelevante Faktoren ausschließen.

Arbeitsvermittlung ist grundsätzlich eine nicht beobachtbare Tätigkeit, bei der die Anstrengung der Vermittlungsagenturen nicht direkt am Vermittlungserfolg messbar ist. Arbeitslose und Jobs sind sehr inhomogen, und nicht direkt aufgrund äußerer Merkmale in verschiedene Kategorien einordbar. Zudem herrschen auf dem Arbeitsmarkt Informationsasymmetrie und daraus resultierende Transaktionskosten. Deshalb müssen effiziente Verträge zwischen Arbeitsamt, Arbeitslosen und privaten Agenturen recht komplex sein, um diese Gegebenheiten miteinzubeziehen.

Nach einer Übersicht über bereits existierende wissenschaftliche Untersuchungen im Bereich der Arbeitsvermittlung und der Bestimmung der Methodik wird im vierten Kapitel die Organisation der Arbeitsvermittlung und die momentane Diskussion über ihre Reform dargestellt. Diese aktuelle Diskussion ist Motivation für diese Diplomarbeit und Grundlage für die Fragestellung, ob die bereits umgesetzten oder vorgeschlagenen Reformen die Effizienz der Arbeitsvermittlung steigern können. Bei der Darstellung der

aktuellen Diskussion wird sowohl auf die in der Fach- und Tages-
presse diskutierten Reformvorschläge als auch auf die bereits von
der Bundesregierung umgesetzten Maßnahmen eingegangen.

Im fünften Kapitel wird eingegrenzt, welche Form von Arbeitslosigkeit überhaupt durch Arbeitsvermittlung reduziert werden kann.
Denn erfolgreiche Arbeitsvermittlung kann alleine keine neue Arbeitsnachfrage schaffen, sondern in erster Linie unbesetzte oder
nicht ausgeschriebene Arbeitsplätze mit Arbeitsuchenden verbin-
den. Deshalb wird dargestellt, wie es zu Arbeitslosigkeit durch „Mismatch" kommen kann. Es wird gezeigt, dass das Mismatch durch
geeignete Institutionen reduziert werden könnte, wenn Institutionen
effizienter die erheblichen Informationsprobleme auf dem Arbeitsmarkt reduzierten.

Im sechsten Kapitel werden die ökonomischen Konzepte dargestellt, die bei der Zusammenarbeit und den Verträgen zwischen
Arbeitsamt und Vermittlungsagenturen bei Informationsasymmetrie relevant sind und auf denen das darauffolgende Modell auf-
baut. Dabei gehe ich vor allem auf mikroökonomisch fundierte Konzepte der „Neuen Institutionenökonomik" wie die Prinzipal-Agent-
Theorie, Effizienzlöhne und Anreizsetzung allgemein ein, da bei der
Arbeitsvermittlung erhebliche Probleme durch Informationsasymmetrie und Transaktionskosten entstehen.

Der Kern dieser Arbeit besteht aus einem von mir entwickelten
Modell der Arbeitsvermittlung mit Arbeitsamt, Arbeitslosen und
Agenturen als Akteure. Hier werde ich zuerst ein Gutscheinsystem
ähnlich der Regierungsreform im Rahmen eines Prinzipal-Agent-
Systems darstellen, um bereits umgesetzte und mögliche Charakteristika bei den Verträgen zwischen Arbeitsamt und Agenturen auf
ihre ökonomische Effizienz hin zu untersuchen. Dabei wird untersucht, ob die bereits umgesetzten Charakteristika der unterschiedlichen Honorare bei unterschiedlicher bisheriger Arbeitslosigkeits-

dauer und die ratenweise Entlohnung der Agenturen je nach Verbleibdauer des Arbeitslosen im vermittelten Job eine ökonomische Berechtigung haben. Im folgenden wird dieses Modell erweitert, um zu sehen, wie sich Creaming-Effekte[1] und weitere Informationsdefizite ausgleichen lassen. Dann wird untersucht, ob es zu einem Effizienzverlust führt, wenn der Arbeitslose - wie momentan möglich - mehr als eine Vermittlungsagentur gleichzeitig beauftragen darf. In einer Erweiterung des Modells wird analysiert, welche Folgen es für die Effizienz hat, wenn Arbeitslose und Arbeitsamt noch weniger Informationen über die Eigenschaften der Agenturen haben, und inwiefern sich eine höhere Effizienz durch eine stärkere Einbindung des Arbeitslosen bei der Honorarbestimmung erreichen ließe. Zudem untersuche ich, ob das Arbeitsamt seine Eigenschaft als Monopolist nutzen könnte, um die Agenturen zu einem effizienteren Verhalten zu zwingen, da es mit der Drohung, einzelne Agenturen vom Markt auszuschließen, ein hohes Drohpotential hat. Abschließend wird das Modell auf einen Vergleich zwischen externen Anreizen an private Vermittler und internen Anreizen innerhalb der BA angewandt.

Im Schlusskapitel werden die aus der theoretischen Analyse entwickelten Ergebnisse genutzt, um Hinweise und Empfehlungen für weitere theoretische und empirische Untersuchungen und die praktische Politik zu geben. Zwar sind einige Ergebnisse aufgrund der dem Modell zu Grunde liegenden einschränkenden Annahmen nur begrenzt auf die Realität übertragbar. Dennoch geben diese Ergebnisse wichtige Hinweise für weitere empirische Forschung und zeigen auf, welche Methoden in der Arbeitsvermittlung mehr Effizienz bringen können und welche bereits umgesetzten Reformen vom theoretisch-ökonomischen Standpunkt als effizient angesehen

---

[1]Gemeint ist der im sechsten Kapitel definierte Anreiz der Agenturen, sich nur Aufträge für billig zu vermittelnde Arbeitslosen herauszusuchen.

werden können.

## 2   Literaturübersicht

Eine ökonomische Untersuchung der Zusammenarbeit von staatlicher und privater Arbeitsvermittlung wurde bisher noch nicht veröffentlicht.

Allgemein ist die Tätigkeit der Arbeitsvermittlung laut Peter Zweifel bisher weder theoretisch noch empirisch in größerem Umfang untersucht worden. Dabei gehörten gerade die Arbeitsmärkte zu jenen Märkten, die besonders hohe Transaktionskosten aufweisen und deren Leistungsfähigkeit somit nach Williamson[2] nicht zuletzt von der Wahl der Institutionen abhängen dürfte. Deren Zweck ist es nämlich, diese Transaktionskosten zu senken.[3]

Dieser Argumentation folgend, stellen sowohl Pissarides[4] als auch Walwei[5] fest, dass die Institution der Arbeitsvermittlung generell geeignet ist, die Funktionsfähigkeit der Arbeitsmärkte zu verbessern.

Außerdem existieren einige Studien des bei der Bundesanstalt für Arbeit ansässigen Instituts für Arbeitsmarkt und Berufsforschung (IAB), die sich empirisch-statistisch und deskriptiv mit der öffentlichen Arbeitsvermittlung und der Koexistenz von öffentlicher und privater Arbeitsvermittlung beschäftigen. In diesen wird festgestellt, dass in den meisten europäischen Staaten eine Öffnung hin zur Zulassung privater Vermittler stattfindet[6] und in Deutschland die privaten Vermittler nach dem Fall des Monopols im Jahr 1994

---

[2]Williamson, 1985

[3]Zweifel, 1996, S. 48

[4]Pissarides, 1979, S. 819

[5]Walwei: Improving Job-Matching through Placement Service, 1996, S. 404

[6]IAB: Placement as a Public Responsibility and as a Privat Service, 1996, S.12

einen stetigen Zuwachs an Marktanteilen und Reputation genie-
ßen[7].

Aber auch bei den IAB-Studien werden, wie bei dem von Clark
durchgeführten Kostenvergleich von privaten und staatlichen Vermittlern[8] und der Analyse von Adnett, die eine ökonomische Recht-
fertigung einer staatlich subventionierten Vermittlung zeigte[9], die
beiden Systeme - private und staatliche Vermittlung - als nebeneinander bestehende Konkurrenten betrachtet und nicht als im ge-
genseitigen Auftragsverhältnis stehende Geschäftspartner.

Zweifel postuliert bei seinem Arbeitsvermittlungsmodell, bei dem
auch er private und staatliche Vermittlung nebeneinander betrachtet, dass private Vermittler dazu neigen, nur hochproduktive Arbeitslose zu vermitteln, wohingegen staatliche Vermittlung ineffizient arbeite, da die staatliche Behörde vor allem das Ziel habe, die
eigene Mitarbeiterzahl zu erhöhen.[10]

Susanne Dreas und Michael Gerhardt beschreiben dagegen in
ihrem eher politisch-soziologisch fundierten Artikel die Arbeit privater Vermittler, die tatsächlich im Auftrag des Staates Langzeitarbeitslose vermitteln.[11] Sie ermitteln dabei zahlreiche Probleme
wie eine zu geringe Höhe des Vermittlungshonorars oder Creaming-
Effekte, entwickeln aber kein ökonomisches Modell zu diesen Problemen. Auf diese Ergebnisse wird jedoch bei der Modellbetrach-
tung aufgebaut.

Zu den Suchmodellen, die den Suchprozess auf dem Arbeitsmarkt beschreiben und dadurch friktionelle Arbeitslosigkeit teilweise erklären, existiert umfangreiche Literatur. Das von Stiegler
(1962) entwickelte Grundmodell wurde von Mortensen (1970) und

---

[7]IAB: Job Placement in Germany, 1998, S. 14
[8]Clark, 1988
[9]Adnett, 1987
[10]Zweifel, 1996, S. 66
[11]Genau diese Zusammenarbeit ist, wie erwähnt, auch Schwerpunkt dieser Arbeit.

McCall (1970) weiterentwickelt[12] und dann in verschiedenen Bereichen erweitert und ergänzt. Für diese Arbeit dient ein davon abgeleitetes Modell von Randall Wright als Grundlage.[13]

Um die Zusammenarbeit von staatlicher und privater Arbeitsvermittlung zu modellieren, orientiere ich mich in dieser Arbeit an den Standardmodellen der Neuen Institutionenökonomik wie der Prinzipal-Agent-Theorie, dem Transaktionskostenansatz, Screening und Effizienzlöhnen. Dazu dienen Standardlehrbücher von Mas-Colell[14], Kräkel[15] oder Salanié[16], die sich ausgiebig mit diesen Theorien beschäftigen.

# 3   Methodisches Vorgehen

Im Zuge des „Statistikskandals" bei der Arbeitsvermittlung wurden zahlreiche Reformvorschläge in den deutschen Medien diskutiert. Einer der Hauptkritikpunkte war die schlechte Ressourcenallokation innerhalb der BA mit zu vielen Mitarbeitern in der Verwaltung und zu wenigen in der Vermittlung, außerdem ein zu geringer Wettbewerb und mangelnde Anreize für die BA, erfolgreich zu vermitteln. Als Reaktion darauf führte die Bundesregierung ein Gutscheinsystem ein, bei dem Arbeitslose vom Arbeitsamt Vermittlungsgutscheine ausgestellt bekommen, die sie dann bei privaten Arbeitsvermittlern einlösen können, wenn diese ihnen einen neuen Job besorgen.

Aufgrund dieses aktuellen Anlasses, möchte diese Diplomarbeit untersuchen, inwiefern und unter welchen Umständen die Effizienz in der Arbeitsvermittlung durch die bereits umgesetzten und noch

---

[12]Franz, 1992, S.202
[13]Wright, Lecture Notes
[14]Mas-Colell, 1995
[15]Kräkel, 1999
[16]Salanié, 1997

diskutierte Reformen gesteigert werden kann. Dabei beschränke ich mich auf eine rein theoretische Analyse des Problems, da für eine empirische Untersuchung zu diesem frühen Zeitpunkt noch nicht genügend Daten über die Reformergebnisse vorlagen und dies zudem den Rahmen dieser Diplomarbeit sprengen würde. Des weiteren werde ich mich auch nicht mit Problemen bei der praktischen Umsetzung eines Instrumentes oder möglichen Missbrauchsmöglichkeiten beschäftigen, sondern mich größtenteils auf den theoretischen Rahmen beschränken.

Ziel dieser Arbeit ist es ebenfalls nicht, generelle Vorschläge zur Reduzierung der Arbeitslosigkeit zu untersuchen. Stattdessen beschränke ich mich auf das die Arbeitsvermittlung betreffende Problem des Mismatches, bei dem Arbeitslose und bestehende freie Jobs nicht zueinander finden. Um das Thema einzugrenzen, werde ich mich nicht mit den im Juni 2002 bekannt gewordenen vorläufigen Vorschlägen der Hartz-Kommission zu Zeitarbeit und anderen Maßnahmen beschäftigen, die jedoch für den interessierten Leser im Anhang aufgelistet sind.

Mit Hilfe der „Searchtheory" - hier anhand eines Searchmodells von Randall Wright - lässt sich erkennen, dass die Höhe der Kosten der Arbeitssuche und die Größe der Informationsprobleme entscheidende Faktoren sind, ob ein Suchprozess erfolgreich ist und wie lange er dauert. Insofern könnte eine Reduzierung dieser Kosten, zum Beispiel durch das Einschalten einer geeigneten Vermittlungsinstitution, zu einer Effizienzsteigerung beim Suchprozess führen.

Die Einführung weiterer Institutionen führt jedoch bei Informationsasymmetrien und Transaktionskosten zu Anreizproblemen. Wenn ein Arbeitsloser selbstständig auf Arbeitssuche ist, hat er auch ein großes Interesse am Erfolg und strengt sich dementsprechend an. Wenn jedoch eine Institution wie das Arbeitsamt dazwischengeschaltet wird, die den Arbeitslosen vermitteln soll, profitiert diese nicht zwangsläufig in dem Maße von einer Vermittlung wie der Arbeitslose selbst. Die Institution Arbeitsamt könnte allerdings - wenn man die Untersuchung auf monetäre Faktoren beschränkt - so weit an einer erfolgreichen Vermittlung interessiert sein, wie sie damit sonst zu zahlendes Arbeitslosengeld spart. Jedoch ist fraglich, wie die Arbeitsamtsführung dieses Interesse an ihre einzelnen Mitarbeiter weitergeben kann, die ja ein Fixgehalt bekommen und nicht von dieser Ersparnis profitieren.

Deshalb wird diskutiert, ob private Vermittler, die eventuell aufgrund ihrer betriebswirtschaftlicheren Ausrichtung effizienter und innovativer arbeiten könnten, verstärkt eingesetzt werden sollten. Hier entsteht jedoch ein zusätzliches Anreizproblem, da auch diese Vermittler weder vom neuen Job des Arbeitslosen noch von der Transferleistungsersparnis des Arbeitsamtes profitieren. Zudem ist ihre Vermittlungsanstrengung unbeobachtbar und somit nicht direkt vom Arbeitsamt kontrahierbar. Sollte das Arbeitsamt - wie vorgeschlagen wird - Leistungsanreize setzen, um die Agenturen zu höheren Anstrengungen zu motivieren, ist zu beachten, dass die recht kleinen Vermittlungsagenturen risikoavers sein könnten und sich zudem dann die Arbeitslosen heraussuchen könnten, bei denen sie die geringsten Vermittlungskosten erwarten. Dadurch entstünden Effizienzverluste. Zudem bliebe bei einer aus einem solchen Vertrag zwischen Arbeitsamt und Vermittlern entstandenen optimalen Vermittlungsanstrengung der Agenturen der Nutzen des Arbeitslosen aus der Vermittlung unberücksichtigt. Abschließend ist zu untersuchen, ob es nicht effizienter wäre, wenn Leistungsanreize zur effizienteren Vermittlung direkt den eigenen Mitarbeitern des Arbeitsamts statt externen Vermittlern gesetzt würden, was sehr aufwendig ist.

Zur Untersuchung der Frage, wie auf diese Probleme eine effiziente Lösung gefunden werden könnte und inwiefern die bereits eingesetzten Instrumente des Arbeitsamtes[17] zur Effizienzsteigerung der Zusammenarbeit von Arbeitsamt und Agenturen beitragen, werde ich auf Grundlage des Prinzipal-Agent-Ansatzes ein eigenes Modell entwickeln. Ausgehend vom den Lehrbüchern entnommenen klassischen Prinzipal-Agent-Modell, werde ich zahlreiche Erweiterungen und Variationen am Modell vornehmen um die angesprochenen Probleme und in den Medien diskutierten Vorschläge einzeln zu behandeln und in einigen Punkten das Modell realitätsnäher zu gestalten. Die entstandenen Lösungsansätze werden dann auf ihre Effizienzsteigerung hin untersucht, um Empfehlungen für die Empirie geben zu können.

# 4 Organisation und Krise der Arbeitsvermittlung

Im folgenden wird das Problemfeld der Arbeitsvermittlung erarbeitet und teilweise empirisch dargestellt. Dabei werden die Organisation der Arbeitsvermittlung in Deutschland und die Ereignisse, die zu ihrer Krise führten, aufgeführt, da diese Krise und die aus ihr entstandenen Reformen die Motivation zu dieser Diplomarbeit darstellen. Abschließend werden die bereits umgesetzten und noch diskutierten Reformen anhand einer Presserecherche erörtert.

## 4.1 Arbeitsvermittlung in Deutschland

In Deutschland wird die öffentliche Arbeitsvermittlung wie auch die Organisation der Arbeitslosenversicherung von der Bundesanstalt

---

[17]Gemeint sind die ratenweise Entlohnung der Agenturen, die umso höher ist, je länger ein vermittelter Arbeitsloser seinen Job behält, und die Honorarstaffelung bezüglich der Arbeitslosigkeitsdauer, bei der eine Agentur ein höheres Honorar für die Vermittlung eines Langzeitarbeitslosen als bei einem Kurzzeitarbeitslosen erhält.

für Arbeit (BA) durchgeführt. Deren Aufgaben werden im dritten Sozialgesetzbuch festgelegt:

> *Durch die Leistungen der Arbeitsförderung soll vor al-*
> *lem der Ausgleich am Arbeitsmarkt unterstützt werden,*
> *indem Ausbildungs- und Arbeitsuchende über Lage und*
> *Entwicklung des Arbeitsmarktes und der Berufe bera-*
> *ten, offene Stellen zügig besetzt und die Möglich- kei-*
> *ten von benachteiligten Ausbildungs- und Arbeitsuchen-*
> *den ... verbessert und dadurch Zeiten der Arbeitslosig-*
> *keit sowie des Bezugs von Arbeitslosengeld ... vermie-*
> *den oder verkürzt werden.*
>
> *(§ 1(1), SGB III, Aufgaben der Arbeitsförderung)*[18]


> *Das Arbeitsamt hat Ausbildungssuchenden, Arbeitsu-*
> *chenden und Arbeitgebern .... Arbeitsvermittlung anzu-*
> *bieten. Die Vermittlung umfasst alle Tätigkeiten, die*
> *darauf gerichtet sind,... Arbeitsuchende und Arbeitge-*
> *ber zur Begründung eines Beschäftigungsverhältnisses*
> *zusammenzuführen*
>
> *(§ 35 (1), SGB III, Vermittlungsangebot)*[19]


Zum Zweck der Arbeitsvermittlung beschäftigte die BA Anfang 2002 in ihren 181 Arbeitsämtern mit insgesamt 660 Nebenstellen etwa 8.000 Mitarbeiter. Diese Zahl soll jedoch im Verlauf des Jahres 2002 drastisch erhöht werden.[20]

Bis 1994 hatte die Bundesanstalt das Monopol für Arbeitsvermittlung. Eine gewerbliche Tätigkeit von Arbeitsvermittlungen

---

[18]Sozialgesetzbuch III, §1(1)

[19]Sozialgesetzbuch III, § 35(1)

[20]www.arbeitsamt.de

war nur in Ausnahmefällen (z.B. Künstlervermittlung) erlaubt.[21] Den historischen Grund für das öffentliche Vermittlungsmonopol sieht Regina Konle-Seidl in „unlauteren Praktiken privater Vermittlungsagenturen in den 20er und 30er Jahren des letzten Jahrhunderts" bezüglich des Vertrauensgutes Arbeitsvermittlung, bei dem der Kunde erst nach dem Kauf der Dienstleistung deren Qualität beurteilen kann.[22] Seit 1994 sind jedoch private Vermittlungsagenturen für jede Art von Jobvermittlung zugelassen.[23] Es bestehen aber Obergrenzen für Honorare, die eine Vermittlungsagentur von einem Arbeitsuchenden verlangen darf. Honorare, die Unternehmen an Vermittlungsagenturen zahlen, sind nicht begrenzt.

Nach Angaben der BA wurden im Jahr 2001 etwa 3,8 Millionen Jobsuchende von der öffentlichen Arbeitsvermittlung und 170.000 von privaten Agenturen in einen neuen Job vermittelt.[24] [25]

Die Inanspruchnahme der kostenlosen öffentlichen Arbeitsvermittlung ist für Arbeitsuchende und Unternehmen grundsätzlich freiwillig, für Arbeitslose, die Leistungen der BA erhalten, jedoch teilweise verpflichtend.[26]

Zusätzlich bietet die BA seit 1990 einen „Stellen-Informations-Service" im Internet an, bei dem Unternehmen und Arbeitslose auf elektronischem Weg zueinander finden können.

Die Tatsache, dass Vermittlungsagenturen nur von Unternehmen und nicht von Arbeitslosen höhere Honorare verlangen dürfen, führte laut Ulrich Walwei dazu, dass sich vor allem zwei Sorten von Arbeitsvermittlungen herausgebildet hätten. Einerseits such-

---

[21] OECD, 1996, S.21

[22] Konle-Seidl, 2002, S.69

[23] OECD, 1996, S.21

[24] DER SPIEGEL, 9.2.2002

[25] Diese Zahlen stammen aus den Angaben der BA, bevor die fehlerhafte Ermittlung der Vermittlungszahlen bekannt wurde. Deshalb ist davon auszugehen, dass die tatsächliche Zahl der vom Arbeitsamt Vermittelten deutlich geringer ist. Nach Angaben des Nachrichtenmagazins DER SPIEGEL vom 9.2.2002 betrugen die erfolgreichen nur etwa 1,1 Millionen.

[26] Walwei: Auf dem Weg zum Kunden, 1995, S. 91

ten gewerbliche Arbeitsvermittler im Auftrag eines Unternehmens nach Kandidaten für spezielle Führungspositionen und andererseits engagierten sich karitative Arbeitsvermittler für die Vermittlung sozial Benachteiligter (wie zum Beispiel Strafentlassene).[27]

Bei der Betreuung von schwer vermittelbaren Langzeitarbeitslosen vergibt die BA seit 1998 teilweise selbst Vermittlungsaufträge an externe Anbieter, wie zum Beispiel an das holländische Unternehmen „Maatwerk", das sich auf die Vermittlung von Langzeitarbeitslosen spezialisiert hat.[28] In diesem Bereich der Langzeitarbeitslosen hat sich somit bereits ein Bereich entwickelt, wo private oder gemeinnützige Agenturen mit erfolgsabhängigen Prämien Arbeitslose vermitteln. Die Tätigkeiten der Agenturen erstrecken sich hier von einführenden Gesprächen zur Bestimmung der Fähigkeiten und Interessen des Arbeitslosen, über die eigentliche Vermittlung bis hin zu einer nachträglichen Betreuung des Arbeitslosen in den ersten Monaten der Beschäftigung[29]. Pro Vermittlung bezahlte die BA 4000 DM an die Vermittler, wobei die zweite Hälfte erst nach sechsmonatiger Dauer des Beschäftigungsverhältnisses bezahlt wird. Hat der Vermittelte auch nach 9 Monaten noch seinen vermittelten Job, so wurde eine zusätzliche Prämie von 1.000 DM an die Agentur gezahlt.[30] Eine Entscheidung über die Übergabe eines Arbeitslosen an Vermittlungsagenturen trifft das zuständige Arbeitsamt. Einen Anspruch darauf hat ein Langzeitarbeitsloser nicht.[31]

---

[27] Walwei: Auf dem Weg zum Kunden, 1995, S. 98

[28] Franz, 2000, S. 7

[29] Dreas, 2002, S.3

[30] Dreas, 2002, S. 4

[31] Wesentlich weiter am Wettbewerb orientieren sich die Systeme der Arbeitsvermittlung in Großbritannien und in den Niederlanden.

So existieren in Großbritannien bereits seit 1850 private Arbeitsvermittlungen ohne eine Beschränkung auf gewisse Berufsbereiche. Sie sind dort sehr etabliert und konnten seit den 80er Jahren jährlich immer etwa ein Drittel der Arbeitsvermittlungen für sich verbuchen. Dieser hohe Marktanteil der privaten Vermittler führte auch zu mehr Wettbewerb in der Arbeitsvermittlung, der laut SPIEGEL unter anderem dafür sorgte, dass in den britischen

## 4.2   Krise der öffentlichen Arbeitsvermittlung in Deutschland

### 4.2.1   Probleme bei der Arbeitsvermittlung

Am 16. Januar veröffentlichte der Bundesrechnungshof eine Prüfungsmitteilung, aus der hervorging, dass die Statistiken der Arbeitsämter flächendeckend „geschönt" seien.[32] Nach den Untersuchungen des Bundesrechnungshofes sei weniger als ein Drittel der von der Bundesanstalt für Arbeit als erfolgreich vermittelt angegebenen Arbeitslosen, tatsächlich vom Arbeitsamt vermittelt worden. Bei den restlichen Fällen wurden teilweise Jobs gezählt, die gar nicht existierten, oder die Behörde gab es als ihren Erfolg aus, wenn Arbeitslose und Betriebe auf eigene Initiative zueinander fanden. Somit sei die Bundesanstalt für Arbeit deutschlandweit nicht - wie von ihr angegeben - für 59% aller Wiedereingliederungen von Arbeitslosen in den Arbeitsmarkt verantwortlich, sondern höchstens für 18%.[33] Für zusätzliche Brisanz sorgte eine E-Mail von Erwin Bixler, Controller beim Arbeitsamt, an das Bundesarbeitsministerium, die nahe legte, dass die Führung der Bundesanstalt bereits seit langem über diesen Sachverhalt informiert gewesen sei.

Anlässlich dieses Skandals wurde zudem die generelle Organi-

---

öffentlichen Job-Centern deutlich mehr Wert auf Service gelegt wird. So würden Arbeitslose in diesen Job-Centern inzwischen von einem "Floor Walker" empfangen und hätten die Garantie, nie mehr als 10 Minuten im Arbeitsamt warten zu müssen.(DER SPIEGEL, 24.6.2002)

Die Niederländer fassen derzeit sämtliche Arbeits- und Sozialbehörden zu "Zentren für Arbeit und Einkommen" zusammen, so genannte CWI (Centrum voor Werk en Inkomen). Dort wird in einem einführenden Gespräch ermittelt, welche Sozialleistungsansprüche bestehen und wie der Arbeitslose am besten wieder in den Arbeitsmarkt integriert werden könnte. Die Vermittlung liegt jedoch inzwischen ganz in der Hand privater Anbieter. Diese müssen sich bei den Gemeinden um Aufträge bewerben. Stellenvermittlung wird damit zur Dienstleistung, die sich die Behörde einkauft. (Der SPIEGEL 24.6.2002)

[32] DER SPIEGEL, 18.2.2002
[33] DER SPIEGEL, 9.2.2002

20 Hartz und die Reform der Arbeitsvermittlung

sation der öffentlichen Arbeitsvermittlung in Frage gestellt. So kritisiert der Kommentator der Wochenzeitung „Die ZEIT", dass von den 90.000 Mitarbeitern der BA nur 8.000 als Arbeitsvermittler beschäftigt seien. 10.000 weitere Mitarbeiter seien ausschließlich mit der Verwaltung der Bundesanstalt selbst beschäftigt und der Rest kümmere sich um andere Aufgaben wie Lohnersatzleistungen, Kindergeld, Arbeitsbeschaffungsmaßnahmen.[34] Dies führt dazu, dass jedem Vermittler etwa 600 Arbeitsuchende zugeteilt sind. Da diese Arbeitsvermittler sich zudem noch um Verwaltungsaufgaben und Leistungsansprüche kümmern müssen, verbleiben nach Recherchen der „Financial Times Deutschland (FTD)" nur 17% der Arbeitszeit für die wirkliche Vermittlungstätigkeit.[35]. Die Vermittler hätten außerdem keinerlei finanziellen Anreiz erfolgreich zu vermitteln, da erfolgreiche Vermittlungen von der BA nicht honoriert würden.[36]

Außerdem seien diese Arbeitsvermittler vor allem in Bezug auf arbeitslose Akademiker nicht ausreichend qualifiziert. Zwar gebe es auf Akademiker spezialisierte Vermittler. Da aber in den meisten Arbeitsämtern Arbeitslose nach Anfangsbuchstaben der Nachnamen und nicht nach Berufsbereichen den Vermittlern zugeordnet würden, hätte der einzelne Vermittler nur wenige Informationen über die Anforderungen des speziellen Berufsbildes.[37]

### 4.2.2  Reaktion der Regierung

Als Reaktion auf diesen Skandal leitete die Bundesregierung einen Umbau der Bundesanstalt für Arbeit ein. So musste der bisherige Behördenleiter, der Beamte Bernhard Jagoda (CDU), seine Aufgabe an Florian Gerster (SPD), bis dahin Rheinland-pfälzischer Gesundheits- und Sozialminister, abgeben. Gerster fungiert zudem

---

[34]DIE ZEIT, 14.2.2002
[35]FINANCIAL TIMES DEUTSCHLAND, 6.3.2002
[36]DER SPIEGEL, 18.2.2002
[37]FINANCIAL TIMES DEUTSCHLAND, 6.3.2002

als Vorstandsvorsitzender und nicht mehr als verbeamteter Behördenleiter. Er soll nun den Umbau der Bundesanstalt vorantrei-
ben, bei dem die Zahl der Mitarbeiter, die sich tatsächlich mit Arbeitsvermittlung beschäftigten, deutlich gegenüber denen, die ausschließlich verwalten, gesteigert werden soll. Der Vorstand soll -
einem Management ähnlich - mehr Gestaltungsmacht bekommen,
und die Kompetenzen des paritätisch besetzten Verwaltungsrates
sollen wie bei einem Aufsichtsrat auf Kontrollfunktionen begrenzt
werden. Außerdem soll die Anstalt effizienter und serviceorientierter werden und in Wettbewerb und Zusammenarbeit mit privaten
Arbeitsvermittlern und Zeitarbeitsagenturen treten.[38]

Als weitere Maßnahme führte das Arbeitsministerium im April
2002 sogenannte Vermittlungsgutscheine ein.[39] Abschließend setz-
te die Regierung eine Kommission unter Leitung des Volkswagen-
Personaldirektors Peter Hartz ein, die eine Konzeption zur Neuor-
ganisation der BA erarbeiten soll.[40]

## 4.3   Gutscheine für Arbeitsvermittlung

Seit April 2002 können Arbeitlose, die länger als drei Monate arbeitslos gemeldet sind, bei der BA sogenannte Vermittlungsgutscheine beantragen. Mit diesen Gutscheinen können die Arbeitslosen eine private Arbeitsvermittlungsagentur ihrer Wahl einschalten. Ist diese bereit, für den Gutscheinbesitzer tätig zu werden, ist
sie verpflichtet mit ihm einen schriftlichen Vermittlungsvertrag zu
schließen. Die Vermittlungsgutscheine werden in Höhe von 1.500
Euro (nach einer Arbeitslosigkeit von bis zu 6 Monaten), 2.000
Euro (nach 6 bis 9 Monaten) oder 2.500 Euro (nach mehr als 9
Monaten) ausgestellt und sind dann 3 Monate gültig. Kommt auf

---

[38]DER SPIEGEL, 4.3.2002
[39]Auf die genaue Gestaltung dieser Gutscheine wird im folgenden eingegangen.
[40]FINANCIAL TIMES DEUTSCHLAND (FTD), 22.3.2002

Vermittlung der privaten Agentur innerhalb dieser 3 Monate ein versicherungspflichtiges Beschäftigungsverhältnis mit einer Dauer von mindestens drei Monaten und einer wöchentlichen Arbeitszeit von mindestens 15 Stunden zustande, erhält der Vermittler den Gutschein ausgezahlt, allerdings in zwei Raten: Die erste in Höhe von 1.000 Euro bei Beginn des vermittelten Beschäftigungsverhältnisses und den Restbetrag, wenn das Beschäftigungsverhältnis mindestens 6 Monate bestanden hat. Wurde lediglich ein Beschäftigungsverhältnis mit einer Dauer von 3 bis 6 Monaten vermittelt, wird nur eine Rate in Höhe von 1.000 Euro gezahlt.[41]

Seit diesem Jahr dürfen Vermittlungsagenturen auch von den zu vermittelnden Arbeitsuchenden Honorare verlangen. Jedoch darf die zu bezahlende Vergütung bei Nichtarbeitslosen und bei länger als 3 Monate Arbeitslosen höchstens 2.500 Euro und bei Arbeitslosen in den ersten drei Monaten der Arbeitslosigkeit nicht mehr als 1.500 Euro betragen.[42] Bis zu diesem Zeitpunkt durften die Agenturen weder von Arbeitslosen noch von Nichtarbeitslosen, sondern nur von den Unternehmen ein Honorar verlangen. Für bestimmte Berufsgruppen (z.B. Künstler, Berufssportler) gibt es jedoch Sondervereinbarungen.[43]

Der Arbeitslose darf auch mehrere Vermittlungsagenturen gleichzeitig beauftragen, da er, selbst wenn ihm alle Agenturen einen Arbeitsplatz anbieten, nur dann den Gutschein einlösen muss, wenn er den Arbeitsplatz auch tatsächlich antritt.[44] Wenn der Arbeitslose während der Vermittlungsanstrengungen eine der Arbeitslosigkeitszeitspannen überschreitet, wird der Gutschein gemäß der neuen Arbeitslosigkeitsdauer aufgestockt.[45][46]

---

[41] www.arbeitsamt.de/hst/services/vermittlungsgutsch/index.html

[42] Dieses Honorar darf jedoch nicht zusätzlich zum Gutschein erhoben werden.

[43] www.arbeitsamt.de/hst/services/vermittlungsgutsch/index.html

[44] Telefonat mit Herrn Peter Weber (BA)

[45] Telefonat mit Herrn Peter Weber (BA)

[46] Wenn zum Beispiel ein Arbeitsloser nach 8 Monaten Arbeitslosigkeit einen Gutschein

Weitere Recherchen ergaben, dass die Höhe der Gutscheinho-
norare und die Staffelung nach Dauer der Arbeitslosigkeit Folge
einer politischen Entscheidung sind.[47] Aufgrund der knappen Zeit
wurde vom Arbeitsministerium keine Marktforschung bezüglich der
Honoraransprüche und Kosten bestehender Vermittlungsagenturen
oder die mögliche Honorarzahlungsbereitschaft von Arbeitsuchenden oder Unternehmen betrieben. Stattdessen plante man im Arbeitsministerium erst, sich beim Höchstsatz des Vermittlungsgut-
scheins für Langzeitarbeitslose und dem maximalen Honorar, das
Agenturen von Nichtarbeitslosen verlangen dürften, am bisherigen
marktüblichen Honorar von zwei Bruttogehältern im vermittelten
Job zu orientieren. Jedoch setzten die Sozialpolitiker der Koalitions-
fraktionen im Bundestag einen niedrigeren Höchstsatz von 2.500
Euro durch.[48] Bei der Staffelung der Höhe der Gutscheinbeträge
entschied man sich letztlich gegen eine eigentlich als effizient an-
gesehene Orientierung an verschiedenen Vermittlungshemmnissen,
sondern für eine Orientierung an der Arbeitslosigkeitsdauer, da deren Ermittlung einen geringeren bürokratischen Aufwand für die
BA verursache.[49]

Da die Gutscheine erst seit April ausgegeben werden, sei es nach
Angaben der BA[50] noch zu früh, um eine Aussage über den Erfolg
der Maßnahme treffen zu können. Von den bisher ausgegebenen
88.000 Gutscheinen wurden 3046 Scheine nach erfolgreicher Vermittlung bis Ende Juli 2002 eingelöst.[51]

---

bekommt und während der Vermittlungsbemühung, die nächste Schwelle zu 9-monatiger
Arbeitslosigkeit überschreitet, so wird sein Gutscheinwert von 2.000 Euro (mehr als 6 Monate Arbeitslosigkeit) auf den Betrag von 2.500 Euro (nach 9 Monaten Arbeitslosigkeit)
aufgestockt.

[47] Telefonat mit Herrn Diether Restle, Bundesarbeitsministerium

[48] Telefonat mit Herrn Diether Restle, Bundesarbeitsministerium

[49] Telefonat mit Herrn Diether Restle, Bundesarbeitsministerium

[50] Telefonat mit Herrn Peter Weber (BA)

[51] Süddeutsche Zeitung, 8.8.2002

## 4.4   Weitere Reformvorschläge

Die Einführung der Vermittlungsgutscheine löste bei den Medien ein geteiltes Echo aus. Zwar begrüßten viele Autoren[52] die Einführung marktwirtschaftlicher Elemente bei der Vermittlung und die Zusammenarbeit mit privaten Arbeitsvermittlern. Jedoch kritisieren zum Beispiel Wolfgang Franz und Stefan Sell im „ifo Schnelldienst", dass sich durch die Gutscheine ein Allokationsproblem ergebe. Denn bisher hätten kommerzielle Vermittler im Auftrag eines Unternehmens, quasi als ausgelagerte Personalabteilung, die richtige Person für eine spezielle Stelle gesucht. Nun sollten sie mit einem ganz anderen Ansatz eine Stelle für eine spezielle Person suchen. Dieses Problem würde zudem noch dadurch verschärft, dass die Honorare zu niedrig für eine kostendeckende Vermittlung gewählt seien, da sie deutlich unter dem sich in den letzten Jahren als Gleichgewichtspreis herauskristallisierten Honorar von zwei Bruttogehältern liege. Dies führe nun dazu, dass die Vermittlungsagenturen eine Mischkalkulation vornehmen und auch von den Unternehmen Honorare einfordern müssten, obwohl das Arbeitsamt einen bewerberorientierten Ansatz und das Unternehmen einen stellenbezogenen Ansatz verfolgten.[53] Auch Maike Rademaker von der FTD[54] und der Verband Personalvermittlung e.V.[55] kritisieren die ihrer Meinung nach zu niedrigen Honorare.

Zudem befürchtet DER SPIEGEL, dass sich die privaten Vermittler nur die leicht vermittelbaren Arbeitslosen herauspicken könnten. Der Rest bleibe beim Arbeitsamt „hängen".[56] Deshalb müsse das Arbeitsamt besonders starke Anreize zur Vermittlung Langzeitarbeitsloser setzen. Außerdem müssten Missbrauch und Mitnahme-

---

[52]DIE ZEIT, 14.2.2002; DER SPIEGEL, 13.5.2002; FTD, 18.2.2002
[53]Franz & Sell, 2002, S.7
[54]FTD, 12.3.2002
[55]www.bpv-info.de
[56]DER SPIEGEL, 13.5.2002

effekte verhindert werden. Sonst könnten Unternehmen zum Beispiel auch einfach eine Tochterfirma gründen und jede Einstellung
über diese als Vermittler laufen lassen.[57]

FDP-Politiker Günther Rexrodt schlägt im Handelsblatt[58] vor,
den Arbeitslosen die Möglichkeit zu geben, „aus eigener Tasche"
den Gutscheinbetrag noch aufzustocken. So könnten erstens die zu
niedrigen Vermittlungshonorare erhöht werden und zweitens stei-
gere dies den Eigenanreiz und die Eigenverantwortung des Arbeitslosen, aktiv an der Vermittlung teilzunehmen.

Franz und Sell schlagen, wie auch Kommentatoren der ZEIT[59]
und der FTD[60], die Aufstockung der Zahl der Arbeitsvermittler
in der BA und eine dementsprechende Reduzierung reiner Verwal-
tungsangestellter vor. Die Vermittler sollten zudem von weiteren
Verwaltungsaufgaben freigestellt werden .Zusätzlich sei zu überden-
ken, ob Aufgaben wie die Kindergeldauszahlung oder die Verfolgung
von illegaler Beschäftigung nicht grundsätzlich von einer anderen
Institution erledigt werden sollten.[61]

Außerdem fordern sie, statt erfolgsabhängige Vergütungen an
externe Vermittlungsagenturen zu zahlen, lieber den Arbeitsamtsmitarbeitern Leistungsprämien für erfolgreiche Vermittlungen zu
zahlen, da dies bei den „qualifizierten Vermittlern enorme Leistungs-
steigerungen hervorrufen wird".[62] Aus demselben Grund regte Mar-
tin Wansleben, Hauptgeschäftsführer der Deutschen Industrie- und
Handelskammer (DIHK) die Ausgliederung der Arbeitsvermittlung
an, da eigenständige Agenturen auf Erfolgsbasis „ohne das Korsett
des Beamten- und Verwaltungsrechts" arbeiten könnten.[63] In einer

---

[57]DER SPIEGEL, 13.5.2002
[58]HANDELSBLATT, 18.3.2002
[59]DIE ZEIT, 18.3.2002
[60]FTD, 22.2.02
[61]FTD, 13.2.2002
[62]Franz, W & Sell, Stefan, 2002, S. 8
[63]FTD, 28.5.2002

Pressemitteilung vom 15.2.2002 teilte die BA mit[64], dass sie ein „internes Anreizsystem, das die Bedeutung der Vermittlung heraushebe", prüfe.

Ein Schwerpunkt der gesteigerten Vermittlungsanstrengungen mit durchaus sehr großzügigen Prämien sollte laut Franz, Sell und einer Studie des Institutes für Arbeitsmarkt und Berufsforschung[65] auf die Langzeitarbeitslosen gelegt werden, da eine Wiedereingliederung eine deutlich höhere Wirkung auf den Arbeitslosenbestand habe als die Vermittlung eines unter drei Monaten Arbeitslosen.[66]

Die FTD stellt des weiteren eine Studie der Unternehmensberatung Kienbaum vor, die vorschlägt, die Arbeitsvermittlung nach holländischem Vorbild komplett zu privatisieren und dem Arbeitsamt nur noch eine Kontrollfunktion zum Setzen von Leistungsanreizen zu geben.[67]

Zusätzlich propagieren FTD[68] und DER SPIEGEL[69] ein ganz anderes Berufsbild der Arbeitsvermittler. Sie sollten wesentlich serviceorientierter sein, Kontakt zu Branchen und Firmen suchen und dadurch offene Stellen akquirieren. Einzelne Verantwortliche sollten spezifische Arbeitsmärkte im Blick haben und diese kontinuierlich auf neue Entwicklungen und aktuellen Bedarf hin prüfen. Sie sollten für die Jobsuchenden klare Profile mit Stärken- und Schwächen-Analyse erstellen. Sogenannte Eingliederungsvereinbarungen sind zwar seit Anfang 2002 eigentlich für alle Arbeitslosen vorgesehen, aufgrund der Personalknappheit jedoch nach Recherchen der WIRTSCHAFTSWOCHE bisher kaum durchgeführt worden.[70]

---

[64]www.arbeitsamt.de/hst/services/pressearchiv/16_02.html
[65]zitiert nach: FTD 20.3.2002
[66]Franz & Sell, 2002, S. 8
[67]FTD, 13.2.2002
[68]FTD, 19.2.2002
[69]DER SPIEGEL, 26.6.2002
[70]WIRTSCHAFTSWOCHE, 2.5.2002

Einen neuen Anstoß bekam die Diskussion um die Reform der BA am 26.6.2002, als bereits vorläufige Ergebnisse der von der Bundesregierung unter Leitung von Peter Hartz eingesetzten Kommission zur Reform der BA bekannt wurden. Diese Kommission empfahl unter anderem, einen Großteil der Arbeitslosen bei - den Arbeitsämtern untergeordneten - Zeitarbeitsfirmen anzustellen und sie untertariflich oder sogar unentgeltlich an Unternehmen auszuleihen. Dadurch erhofft sich die Kommission, dass die Arbeitslosen langfristig wieder einen geregelten Arbeitsplatz bekommen.[71] Zudem empfahl die Kommission, deutlich mehr Arbeitsvermittler in der BA einzusetzen, damit ein Arbeitsvermittler nur noch 200 Arbeitslose statt wie bisher 600 Arbeitslose zu betreuen hätten.

# 5 Arbeitslosigkeit durch Mismatch

Im folgenden Kapitel werde ich mich der Frage zuwenden, warum Arbeitsvermittlung überhaupt sinnvoll sein kann, um Arbeitslosigkeit zu reduzieren. Denn in einem perfekten Arbeitsmarkt ohne Informationsprobleme könnten sich alle Arbeitslosen einen der allen bekannten freien Jobs suchen, bis die komplette Arbeitsnachfrage befriedigt wäre. Weitere Arbeitslose ließen sich dann auch durch Vermittlung nicht mehr in Arbeit bringen. Wenn man jedoch davon ausgeht, dass auf dem Arbeitsmarkt erhebliche Informationsdefizite bestehen, ergibt sich Arbeitslosigkeit durch Mismatch. Ziel dieses Kapitels ist es, zu untersuchen, ob diese Mismatch-Arbeitslosigkeit durch effiziente Arbeitsvermittlung reduziert werden könnte.

---

[71]DER SPIEGEL, 1.7.2002

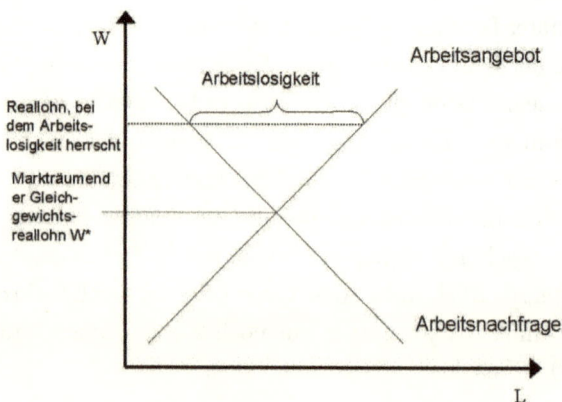

Abbildung 1: Neoklassischer Arbeitsmarkt

## 5.1    Mismatch als Grund für Arbeitslosigkeit

Im allgemeinen neoklassischen Modell entsteht Arbeitslosigkeit aus einer Situation, bei der zu einem bestimmten auf dem Markt bestehenden Reallohn das Angebot an Arbeit höher als die Nachfrage ist. Dieser Angebotsüberschuss an Arbeit sollte jedoch so lange Lohnsenkungen und andere Anpassungsreaktionen auslösen, bis wieder Vollbeschäftigung erreicht wird.[72] Dieses Gleichgewicht kann auch durch Veränderungen auf der Arbeitsnachfrageseite durch Technologie- oder Güternachfrageänderungen erreicht werden.

Dieser klassische Ansatz setzt jedoch sehr einschränkende Bedingungen, wie vollkommene Güter- und Faktormärkte, homogene Güter, vollkommene Markttransparenz, keine Transaktionskosten, schnelle Reaktion von Anbietern und Nachfragern auf veränderte

---

[72]Lübbering, 1993, S.35

Knappheitsverhältnisse und Preise sowie weitere Bedingungen voraus.[73]

Da jedoch auf dem Arbeitsmarkt sehr relevant ist, dass Jobs und Arbeitnehmer bei weitem nicht homogen sind, und zudem erhebliche Informationsdefizite und Transaktionskosten bestehen,[74] eignet sich der neoklassische Ansatz nur begrenzt zur Untersuchung.

In der Mismatch-Theorie werden diese Faktoren berücksichtigt. Aufgrund der Inhomogenität und der Informationsdefizite des Arbeitsmarktes müssen sich Arbeitslose und Arbeitgeber erst einmal gegenseitig finden (Contact Probability) und es muss sich dann auch noch ein Arbeitsvertrag (Contract Probability) ergeben.[75] Diesen Prozess nennt man Matching. Gibt es sowohl eine hohe Zahl Arbeitsloser als auch freier Stellen, spricht man dagegen von Mismatch. Mismatch kann zum Beispiel entstehen, wenn Arbeitslose und freie Stellen in verschiedenen Regionen liegen, Qualifikationsanforderungen nicht übereinstimmen oder sich generell zwei füreinander geeignete Partner aufgrund von Informationsdefiziten nicht finden.[76]

Die Zahl der geglückten Job-Matches beschreibt Pissarides mit der Matching-Funktion:

$$mL = m(uL, vL)$$

wobei $L$ die Anzahl aller Arbeitnehmer, $u$ die Arbeitslosenquote der unmatched Arbeitnehmer und $v$ die Quote der unbesetzten Arbeitsplätze im Verhältnis zu allen Arbeitsplätzen ist. Pissarides geht

---

[73]Lübbering, 1993, S.34

[74]Pissarides, 2002, S.4

[75]Walwei: Improving Job-Matching through Placement Service, 1996, S. 403

[76]Lübbering, 1993, S. 37

davon aus, dass $mL$ sowohl in $u$ als auch in $v$ steigend ist, somit also sowohl eine höhere Arbeitslosigkeit als auch mehr unbesetzte Stellen zu einer höheren Anzahl von Matches führt.[77]

In der folgenden Betrachtung beschränke ich mich nun auf den Teil des Matching-Problems, der darin besteht, dass ein Arbeitgeber und ein für die Stelle geeigneter Arbeitsloser zueinander gebracht werden müssen. Dies setzt einen Suchprozess voraus, der natürlich auch wieder Kosten verursacht und zudem nicht zwangsläufig zum Erfolg führt. Denn von der Seite des Arbeitslosen her betrachtet, ist es sowohl vorstellbar, dass ein Arbeitsloser trotz Suchens keinen der existierenden freien Arbeitsplätze findet, der für ihn geeignet wäre, weil einfach die Masse an Arbeitsplätzen und die Informationsprobleme zu groß sind. Zudem könnten irgendwann die Suchkosten so hoch werden, dass sich das Suchen eines Arbeitsplatzes nicht mehr lohnt, da dieser Arbeitsplatz dem Arbeitslosen eine geringere Lohnsteigerung gegenüber dem Arbeitslosengeld bietet, als der Arbeitslose an Suchkosten aufwenden müsste.[78]

## 5.2   Kosten bei der Arbeitssuche

Um zu zeigen, wie hohe Suchkosten und Informationsdefizite zum Scheitern der Arbeitssuche führen können, bietet sich die Beschäftigung mit einem Jobsearch-Modell an.

### 5.2.1   Job-Search-Modell

Aufgrund der Informationsdefizite auf dem Arbeitsmarkt müssen sich Arbeitsuchender und Arbeitgeber erst einmal finden. Dabei entstehen Suchkosten. Im folgenden Modell will ich mich auf die

---

[77]Pissarides, 2000, S.6
[78]Franz, 1992, S. 197

Suchaktivitäten der Arbeitsuchenden beschränken und den Arbeit-
gebern ausschließlich die Rolle zuweisen, den Arbeitsuchenden Lohnangebote zu machen.

Im auf Rothschild basierenden Job-Search-Modell von Randall
Wright[79] gibt es verschiedene mögliche Jobs mit verschiedenen Löhnen für jeden Arbeitsuchenden. Ich beschränke mich hier auf arbeitslose Arbeitsuchende. Der Arbeitslose kennt zwar die Verteilung
dieser Lohnangebote $F(\overline{w}) = \Pr(w \leq \overline{w})$ mit endlichem Mittelwert
$E(w)$, muss aber erst suchen, um die Angebote mit den höheren
Löhnen zu finden. Dabei kann der Arbeitslose in jeder Periode genau ein Arbeitsangebot mit dem Lohn $w$ einholen, das er dann entweder annehmen oder ablehnen kann. Nimmt er ein Angebot an,
hat das für ihn den Wert, als ob er von nun an immer genau diesen
Lohn beziehe. Jede Periode entstehen dem Arbeitslosen Suchkosten
in Höhe von $C$. Während der Arbeitslosigkeit bezieht der Arbeitslose ein Einkommen $D$, das sich aus dem Arbeitslosengeld, möglicher
Schwarzarbeit und dem Nutzen aus zusätzlicher Freizeit zusammensetzt.[80]

Wenn der Arbeitslose ein Angebot mit dem Lohn $w$ akzeptiert,
hat dies für ihn einen Wert von

$$V(w) = \sum_{i=1}^{\infty} \beta^i w = \frac{w}{(1-\beta)}$$

Wenn er das Angebot ablehnt, ist der erwartete Wert der weiteren Suche:

$$U = D - C + \beta E[max(V(w), U)]$$

---

[79]Wright, Lecture Notes, S. 5
[80]Wright, Lecture Notes, S. 4

V(w), U

Nutzen aus
Jobannahme zu
Lohn w　　　V(w) = w/(1-ß)

Nutzen bei Weitersuche:

U=D – C + ßE[max(V(w),U)]

R

w

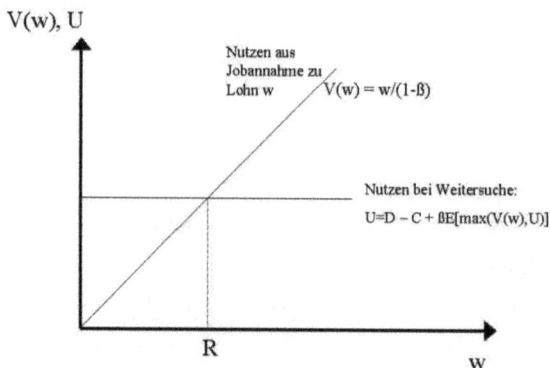

Abbildung 2: Bestimmung des Reservationslohns

wobei $J(w) = E[max(V(w), U)]$ der Wert ist, ein Arbeitsangebot zu haben, aber noch entscheiden zu können, ob man es ablehnt
oder annimmt.

Da $V(w)$ steigend in $w$ und $U$ unabhängig von $w$ ist, gibt es
genau einen Reservationslohn $R$, der die Bedingung $V(R) = U$
erfüllt. $w < R$ impliziert $V(w) < U$ und somit sollte $w$ abgelehnt
werden. $w > R$ hingegen impliziert $V(w) > U$ und somit sollte $w$
angenommen werden.

Somit ist die optimale Strategie, alle Jobangebote oberhalb des Reservationslohns $R$ anzunehmen. Denn ab diesem Wert ist der erwartete Wert der weiteren Suche geringer, als der Nutzen aus der
Annahme des Jobangebots zum Lohn $R$

*Graphik 2: Bestimmung des Reservationslohns*

$$V(R) = U$$

$$\frac{R}{1-\beta} = D - C + \beta E[max(V(R), U)]$$

$$\Rightarrow R = (1 - \beta)(D - C) + (1 - \beta)\beta E(J(R)) = \text{Reservationslohn}$$

$$J(w) = \begin{cases} w/(1 - \beta) & \text{wenn } w > R \\ R/(1 - \beta) & \text{wenn } w < R \end{cases}$$

Wie zu ersehen ist, gilt in allen Fällen: $E \max(w, R) = (1 - \beta)E(J)$

Somit lässt sich auch der Reservationslohn $R$, ab dem der Arbeitslose immer eine Arbeit annehmen sollte, wie folgt schreiben:[81]

$$R = (1 - \beta)(D - C) + \beta \int_0^\infty \max(w, R) dF(w)$$

### 5.2.2  Suchkosten der Arbeitslosen

Nun ist es aber vorstellbar, dass es Arbeitslose gibt, bei denen der Wert der Suche $U = D - C + \beta E[max(V(w), U)]$ aufgrund sehr hoher Suchkosten $C$ unter dem Wert aus weiterem Bezug des Arbeitsloseneinkommen $\sum_{i=1}^\infty \beta^i D = \frac{D}{(1-\beta)}$ ohne Suche liegt.

Aufgrund der hohen Suchkosten wäre eine Jobsuche von Anfang an ein Verlustgeschäft und der Arbeitslose würde deswegen erst gar nicht anfangen zu suchen, da sein erwarteter Nutzen aus der Arbeitssuche unter dem Nutzen aus weiterem Bezug der Arbeitslosenhilfe läge.

Auf ein weiteres Problem weist Franz hin, indem er betont, dass die Arbeitslosen zudem einer Fehleinschätzung der Lohnverteilung unterliegen könnten. Wenn sie zum Beispiel die Verteilung zu hoch einschätzen und somit auch von einem zu hohen Reservationslohn ausgehen, würden sie Angebote ablehnen, die sie im effizienten Fall eigentlich hätten annehmen sollen, und blieben so länger arbeitslos.[82]

---

[81]Wright, Lecture Notes, S. 6
[82]Franz, 1991, S. 205

Beide Probleme zeigen, dass es Fälle gibt, in denen ein Arbeitsloser einen möglichen Job nicht annimmt, obwohl der mögliche Lohn
höher als sein Arbeitsloseneinkommen D ist, weil er entweder zu
hohe Suchkosten oder zu unvollständige Informationen über den
Arbeitsmarkt hat.

Dabei muss bedacht werden, dass es in diesen Fällen natürlich
auch gesellschaftlich ineffizient wäre, wenn der Arbeitslose nicht arbeitet, da seine Produktivität ungenutzt bliebe, das Arbeitslosengeld von den Erwerbstätigen aufgebracht würde und er aufgrund
der Situation auch nicht unbedingt mit einem höheren Lohnange-
bot in der Zukunft rechnen könnte.

### 5.2.3    Suchkosten des Arbeitsamts und der Vermittlungs-agenturen

Eine Möglichkeit, dass es doch noch zu einem effizienten Ergebnis kommt, ist die Einbeziehung eines anderen Arbeitssuchers, der
deutlich geringere Suchkosten hat, womit sich somit eine effizientere Lösung mit einem Reservationslohn über D ergeben könnte. Als
mögliche andere Arbeitssucher kämen zum Beispiel das Arbeitsamt
oder eine private Vermittlungsagentur in Frage, die aufgrund ihrer
Professionalisierung auch bessere Informationen über den Arbeitsmarkt haben, womit es auch weniger zu einer Fehleinschätzung der
Lohnverteilung kommen kann.

Nach Ulrich Walwei kann hier Arbeitsvermittlung zu einer be-
trächtlichen Reduzierung der Suchkosten beitragen, da die Informa-
tionsbeschaffung des Einzelnen sehr kostenintensiv ist und durch in-
dividuelle Suche teilweise nur ein geringer Teil der relevanten Informationen gefunden werden kann. Eine Vermittlungs-Organisation
könnte jedoch ähnliche Bedürfnisse bündeln und die benötigten
Suchfähigkeiten bereitstellen und somit zu effizienteren Suchkosten

führen.[83]

Ähnliche Effizienzvorteile im Bereich Suchkosten und Marktinformation könnten auch private Arbeitsvermittler haben. Zusätzliche Vorteile privater Vermittler sieht Susanne Dreas in höheren Anreizen zur Kostenoptimierung und Gewinnmaximierung, wodurch eine höhere Bereitschaft zu Innovationen und zum Einsatz neuer Technologien bestünde.[84] Zudem könnte man bei privaten Agenturen im Gegensatz zur öffentlichen Arbeitsvermittlung von einer vergleichsweise höheren Motivation ausgehen, „ihre Instrumente zielgruppengerecht auszugestalten und Arbeitslose ergebnisorientiert zu vermitteln".[85]

# 6  Unvollständige Verträge zwischen Arbeitsamt und Vermittlungsagenturen

Im vergangenen Kapitel habe ich festgestellt, dass Arbeitslosigkeit aufgrund von Mismatch besteht und staatliche und private Vermittlungsagenturen zur Reduzierung dieser Mismatch-Arbeitslosigkeit beitragen können. Jedoch führt die Einführung neuer Institutionen zu weiteren Reibungsverlusten und Transaktionskosten.

Zwar wird unter anderem in einer Studie des „Internationalen Arbeitsamtes" argumentiert, die stärkere Einbeziehung privater Vermittlungsagenturen erhöhe die Effizienz, da diese aufgrund ihrer betriebswirtschaftlicheren Ausrichtung wesentlich effizienter, dynamischer und innovativer Arbeitsvermittlung betreiben könnten, als das aufgrund seiner Größe und behördlichen Struktur schwerfälligere Arbeitsamt.[86] Jedoch können durch Informationsdefizite und

---

[83]Walwei: Improving Job-Matching through Placement Service, 1996, S. 404
[84]Dreas, 2002, S. 2
[85]Dreas, 2002, S. 3
[86]Internationales Arbeitsamt, 1994, S. 63

-asymmetrien sowie durch opportunistisches Verhalten und Risikoaversion der Vermittlungsagenturen weitere Probleme bei dieser Zusammenarbeit privater und staatlicher Vermittler entstehen.

Deshalb werden im folgenden Kapitel die theoretischen Konzepte vorgestellt, mit denen sich diese Probleme bei der Zusammenarbeit bekämpfen lassen, und aufgezeigt, unter welchen Umständen die Einführung einer Vermittlungsinstitution trotz neuer Kosten ökonomisch sinnvoll sein kann. Diese theoretische Darstellung bildet damit die Grundlage des mathematischen Modells, mit dessen Hilfe ich anschließend die Effizienz in der Arbeitsvermittlung untersuchen werde.

## 6.1 Rechtfertigung von Institutionen

> *Eine Institution ist ein auf ein bestimmtes Zielbündel abgestelltes System von Normen einschließlich deren Garantieinstrumente, mit dem Zweck, das individuelle Verhalten in eine bestimmte Richtung zu steuern. Institutionen strukturieren unser tägliches Leben und verringern auf diese Weise dessen Unsicherheiten.*[87]

### 6.1.1 Transaktionskostenansatz

In der neoklassischen Welt, in der Tauschbeziehungen ohne Kosten abgewickelt werden können, so dass alle Akteure vollständig informiert sind und Vertragsprobleme nicht existieren, sind Institutionen als Alternative zum Markt überflüssig.[88] Somit bräuchte man auch keine Arbeitsvermittlungsinstitutionen, und alle Arbeitslosen könnten sich selbst einen Job suchen.

Die neue Institutionenökonomie geht im Gegensatz zur neoklas-

---

[87]Richter, 1996, S. 572
[88]Kräkel, 1999, S. 6

sischen Theorie von der Existenz von Transaktionskosten und Funktionsschwächen von Märkten, wie zum Beispiel Informationsproblemen, aus. Dadurch sind Märkte nicht mehr friktionslos und die Existenz von Institutionen kann begründet werden. Unter Transaktionskosten sind Kosten wie Vereinbarungskosten, Kontrollkosten oder Durchsetzungskosten zu verstehen, die zu Reibungsverlusten bei der Abwicklung von Tauschbeziehungen führen. Mit Funktionsschwächen von Märkten sind Probleme, wie Informationsasymmetrien oder steigende Skalenerträge, gemeint, die zu ineffizienten Ergebnissen von Transaktionen führen.[89]

Bei der Einführung einer Institution entstehen einerseits durch die Umgehung des Marktes interne Transaktionskosten innerhalb der Institution, die sich auf Reibungsverluste der in der Institution agierenden Akteure beziehen. Andererseits werden jedoch externe Transaktionskosten gespart, die entstünden, wenn die in die Institution verlagerten Transaktionen weiterhin auf dem Markt stattfänden. Somit ist die Einführung einer Institution dann effizient, wenn die durch die Institution verursachten internen Transaktionskosten geringer sind als die durch sie gesparten externen Transaktionskosten.

Informationsdefizite und Transaktionskosten sind typisch für den Arbeitsmarkt, da dieser aufgrund der sehr vielen heterogenen Akteure sehr intransparent ist. Denn Jobs und Fähigkeiten unterscheiden sich beträchtlich sowohl in ihren Eigenarten als auch in ihrer Verteilung auf verschiedene Sektoren und Regionen. Damit sich ein Arbeitgeber und ein geeigneter Arbeitnehmer finden, müssen beträchtliche Transaktionskosten aufgebracht werden.[90] Deshalb werde ich im Folgenden untersuchen, ob die Imperfektionen bei der Arbeitssuche die Existenz von Arbeitsvermittlungsinstitutionen

[89] Kräkel, 1999, S. 7
[90] Walwei: Improving Job-Matching through Placement Service, 1996, S. 403

nach den Kriterien der Neuen Institutionenökonomik rechtfertigen.

Das Sammeln von Informationen, um mehr Transparenz zu erreichen, verursacht Kosten. Der Versuch, diese Kosten zu minimieren, rechtfertigt die Existenz von Mechanismen und Institutionen, die einen effizienteren Informationsaustausch durch Bündelung ähnlicher Bedürfnisse ermöglichen. So könnte es zum Beispiel effizienter sein, wenn ein Unternehmen über den Mechanismus Zeitungsannonce ein Stellenangebot aufgibt, als viele einzelne Arbeitsuchende persönlich anzusprechen beziehungsweise auf Suchaktivitäten einzelner Arbeitsuchender zu warten.

Mögliche Institutionen wären auf der einen Seite Market-Maker, die Güter von der einen Marktseite kaufen und an die andere Marktseite wieder verkaufen, wie zum Beispiel Gebrauchtwagenhändler. Match-Maker, wie zum Beispiel Immobilienmakler, kaufen dagegen keine Güter, sondern stellen nur den Kontakt zwischen einem Käufer und einem Verkäufer mit ähnlichen Bedürfnissen her. Beide Typen von Mittelsmännern beziehungsweise Institutionen können die Informationsdefizite auf beiden Marktseiten reduzieren und aufgrund der Bündelung vieler Interessen zu einem effizienteren Ergebnis beitragen.[91] Arbeitsvermittler wären dann ein klassischer Fall von Match-Makern.

Somit könnte auch die Existenz von Arbeitsvermittlungsinstitutionen, wie dem Arbeitsamt oder privaten Rekrutierungsagenturen, begründet werden, da diese ebenfalls durch Interessenbündelung Informationskosten reduzieren. Ihre Existenz ließe sich dann auch empirisch begründen, wenn ihre internen Transaktionskosten geringer als ihre externen Transaktionskosten sind.

---

[91] Walwei: Improving Job-Matching through Placement Service, 1996, S. 403

## 6.1.2  Unvollständige Verträge

Wenn ich nun davon ausgehe, dass Vermittlungsinstitutionen ökonomisch berechtigt sein können, stellt sich die Frage, welche Form von Institution am geeignetsten ist, um Transaktionskosten zu reduzieren. So könnte die Vermittlung, zum Beispiel von einer großen Vermittlungsinstitution, wie der BA oder aber von kleineren privaten Vermittlungsinstitutionen, im Auftrag der BA durchgeführt werden.

Einen weiteren Erklärungsansatz für diese Zusammenarbeit von Institutionen beschreibt Williamson in seiner Theorie der „unvollständigen Verträge", bei der er von begrenzter Rationalität und opportunistischem Verhalten der Vertragspartner ausgeht[92]. Er geht dabei im Gegensatz zur neoklassischen Theorie davon aus, dass in der realen Welt in Verträgen nicht oder nur mit sehr großem Aufwand alle transaktionsrelevanten Details geregelt werden können und diese somit unvollständig sind. Diese Lücken in den Verträgen können aufgrund folgender Faktoren entstehen:

Aufgrund begrenzter Rationalität sind nicht sämtliche zukünftigen, transaktionsrelevanten Umweltzustände von den Vertragspartnern antizipierbar. Somit kann es zu Ex-post-Überraschungen kommen. So könnte sich ein Arbeitsloser nachträglich als viel schwerer zu vermitteln herausstellen, wodurch die Vermittlung scheitert. Dies wäre jedoch vorher weder vom Arbeitsamt noch von einer privaten Agentur voraussehbar gewesen. Nun könnte die Agentur aber nicht beweisen, dass eine Vermittlung aufgrund externer Faktoren gescheitert ist, und könnte somit auch keine Entlohnung einfordern.[93]

Vertragslücken können infolge sehr hoher Vereinbarungskosten und Monitorringkosten für den Fall einer vollständigen vertragli-

---

[92]Williamson, zitiert in Kräkel, 1999, S. 9
[93]Kräkel, 1999, S. 10

chen Regelung entstehen, falls sämtliche denkbaren Zukunftskon-
stellationen und deren Kontrolle in den Vertrag integriert werden
sollten. So müsste man bei einer Vereinbarung von Arbeitsamt und
Arbeitsvermittler über die Vermittlung eines Arbeitslosen sämtliche theoretisch möglichen Ereignisse, die während der Vermittlung
entstehen können, und die vertraglichen Konsequenzen in den Vertrag aufnehmen. Zusätzlich müssten alle diese Ereignisse, wie zum
Beispiel das Verhalten und die Motivation des Arbeitslosen bei der
Vermittlung oder der Wandel eines speziellen Arbeitsmarktes von
den Vertragsparteien überprüft werden. Allein die Opportunitäts-
kosten der dafür aufzuwendenden Zeit wären für diese entsprechenden Vereinbarungen eventuell zu hoch.[94]

Vertragslücken sind dann besonders problematisch, wenn ein
Vertragspartner diese ausnutzen könnte, um sich opportunistisch
auf Kosten des anderen Vertragspartners zu verhalten. So könnten
die Arbeitsvermittlungsagenturen nicht vereinbare Teile des Vertrages, wie ihre unbeobachtbare Anstrengung, nach Abschluss des
Vertrages deutlich senken und dann bei gescheiterten Vermittlungen auf externe Einflüsse verweisen.

Wenn unvollständige Verträge zu opportunistischem Verhalten
eines der Akteure führen, führt Williams als eine Lösung an, die beiden Institutionen zu einer zusammenzulegen. Dies könnte in diesem
Fall zum Beispiel bedeuten, dass das Arbeitsamt sowohl der Akteur
sein sollte, der sowohl durch gespartes Arbeitslosengeld von der Vermittlung profitiert als auch die Vermittlung durchführt. Somit gebe
es hier nur eine große Vermittlungsinstitution.[95][96]

---

[94]Kräkel, 1999, S. 10
[95]Kräkel, 1999, S. 11
[96]Als weitere Lösung könnte - wie im Folgenden erläutert - das durch externe Einflüsse
entstehende Risiko auf die Agenturen übertragen werden.

## 6.2 Nachvertragliche Informationsasymmetrie

*Well, then, says I, what's the use you learning to do right when it's troublesome to do right and ain't no trouble to do wrong, and the wages is just the same? I was stuck. I couldn't answer that. So I reckoned I wouldn't bother no more about it, but afterwards always do whichever come handiest at the time.*

**Mark Twain**, *Adventures of Huckleberry Finn*[97]

Probleme, die aus einer nachvertraglichen Informationsasymmetrie entstehen, nennt man Moral Hazard. Bei diesen Problemen haben zwar alle Partner bei Vertragsschluss die gleichen relevanten Informationen. Jedoch herrscht Ungewissheit über zukünftige Naturzustände, die jedoch für den Vertragsabschluss relevant sind. Wenn nun jedoch einer der Partner einen Informationsvorsprung bezüglich dieser relevanten Information hat, besteht für ihn auch hier - wie im vorangegangenen Kapitel - ein Anreiz sich nachträglich opportunistisch zu verhalten.[98]

### 6.2.1 Unbeobachtete Anstrengung und Moral Hazard

Die Informationsasymmetrie könnte zum Beispiel darin bestehen, dass das Arbeitsamt nicht die Tätigkeit der Agentur, sondern nur deren Ergebnis beobachten kann.[99] Mit Hilfe des Ergebnisses lassen sich zwar Rückschlüsse auf die Tätigkeit ziehen, und eine große Anstrengung führt auch mit einer höheren Wahrscheinlichkeit zu einem positiven Ergebnis als eine geringe Anstrengung. Eine genaue

---

[97]zitiert nach: Salanié, 1997, S. 107

[98]Richter, 1996, S. 201

[99]Mit „unbeobachtbare Anstrengung" ist der meist in der Literatur verwendete Begriff „Hidden Action" gemeint.

Rekonstruktion der Anstrengung der Agentur anhand des Ergebnisses ist jedoch nicht möglich, da auch andere externe Faktoren Einfluss auf das Ergebnis haben. Somit ist diese Anstrengung eine private Information der Agentur. Ähnliche Vertragsbeziehungen können auch zwischen Mieter und Vermieter, bei der der Vermieter nicht die Sorgfalt des Mieters bezüglich des Mietgegenstandes beobachten kann, oder zwischen Zulieferer und Abnehmer bestehen. Solche Vertragsprobleme aufgrund von asymmetrisch verteilter Information werden in der Regel Prinzipal-Agent-Probleme genannt, wobei der Agent der Partner mit der privaten Information und der Prinzipal der Partner ohne die private Information ist.[100]

Da der Prinzipal im Gegensatz zum Agenten entweder nicht feststellen kann, inwiefern Handlungen des Agenten für das Eintreten eines Zustandes verantwortlich sind, sind auch Ansprüche, die sich auf solche Zustände beziehen, nicht handelbar. Somit existieren nach Kräkel keine Märkte für die betreffenden Ansprüche und eine pareto-effiziente Ressourcenallokation kann nicht mehr garantiert werden.[101][102]

Aufgrund der Nichtbeobachtbarkeit der Anstrengung hätte somit eine Arbeitsvermittlungsagentur im Falle eines fixen Honorars den Anreiz zu nachträglichem opportunistischem Verhalten (Moral Hazard). Das heißt zum Beispiel, dass sich die Agentur nach Abschluss des Vermittlungsvertrages kaum oder gar nicht mehr anstrengen müsste, da ihre Untätigkeit nicht beobachtbar und ihr Honorar ja ohnehin fix ist. Das Arbeitsamt könnte diese Untätigkeit nicht sanktionieren, da sich die schlechten Ergebnisse ja auch aufgrund externer Effekte hätten einstellen können.

---

[100]Kräkel, 1999, S.19

[101]Kräkel, 1999, S. 22

[102]Zum Beispiel könnten von einzelnen Akteuren Ressourcen aufgewendet werden, die bestehende asymmetrische Informationsverteilung abzubauen.

## 6.2.2 Anreizverträgliche Verträge im Prinzipal - Agent - Modell

Eine Möglichkeit, Moral Hazard zu vermeiden, ist Monitorring. Dies bedeutet, dass der Prinzipal Ressourcen aufwendet, um eine eigentlich unbeobachtbare Aktion durch Kontrolle für ihn zumindest teilweise beobachtbar zu machen. So könnte eine Autovermietung - zusätzlich zum Auto - Chauffeure bereitstellen, um nachlässigen Umgang mit dem Mietwagen zu vermeiden, oder das Arbeitsamt könnte einen Kontrolleur bereitstellen, der die Anstrengung der Agentur fortwährend überprüft. Da jedoch je stärkeres Monitorring um so höhere Kosten verursacht, besteht hier ein Trade-Off zwischen den Monitorringkosten und den Verlusten durch Moral Hazard.

Auf der anderen Seite lässt sich allerdings Moral Hazard mit Hilfe eines geeigneten Anreizschemas entgegenwirken, welches erst einmal keine direkten Kosten verursacht. Dazu müsste die Wahrscheinlichkeit eines Erfolges bei hoher Anstrengung deutlich höher sein, als wenn der Agent sich weniger anstrengt.

So kann zum Beispiel der Agent (Vermittlungsagentur) am Gewinn des Unternehmens (Arbeitsamt), den er selbst durch seine Anstrengung positiv mitbeeinflusst, beteiligt werden. Der Unternehmer kann dann durch eine deutlich reduzierte oder negative fixe Lohnkomponente versuchen, den erwarteten Gesamtlohn des Agenten auf dessen Reservationslohn zu drücken, bei dem dieser gerade noch einen Arbeitsvertrag akzeptiert.[103]

Sollte als fixer Lohnbestandteil auch ein sehr hoher negativer Betrag möglich sein - also keine Haftungsbeschränkung bestehen -, ein gewisser Anteil des Unternehmensgewinnes (inklusive externer Einflüsse) einzelnen Agenten zuzuordnen sein und Risikoneutralität vorliegen, dann wäre ein effizientes Ergebnis möglich. Denn der

---

[103]Diese Bedingung wird in der Partizipationsbedingung ausgedrückt, bei der der erwartete Gewinn des Agenten gleich seinem Reservationslohn gesetzt wird.

Prinzipal würde dem Agenten quasi das Unternehmen oder einen
Teil davon verkaufen. Das hieße, dass der Agent den kompletten
von ihm erwirtschafteten Ertrag mit all den positiven und negativen externen Einflüssen behalten kann, aber dem Prinzipal einen
Fixbetrag in Höhe des erwarteten Gewinnes abzüglich des Reser-
vationslohnes zahlen müsste.[104] Da der Agent seinen Gewinn maximiert, würde er nun genau seinen Grenzertrag gegenüber seinen
Grenzkosten abwägen, im Erfolgsfall den kompletten Gewinn behalten können und müsste im Misserfolgsfall trotz geleisteter Anstrengung sogar noch etwas zahlen.

Somit entstünde die - gemessen am Verhältnis zum Ertrag - optimale Anstrengung des Agenten, und der entstandene Gewinn würde zwischen Prinzipal (Arbeitsamt) und Agent (Agentur) je nach
Höhe des Reservationslohns des Agenten aufgeteilt.

### 6.2.3   Risikoaversion des Agenten

In der Regel wird in den Prinzipal-Agent-Modellen angenommen,
dass der Prinzipal risikoneutral ist, der Agent dagegen risikoavers.
Ableiten lässt sich dies aus der Annahme, dass das Arbeitsamt
(Prinzipal) eine Vielzahl von verschiedenen Risiken verwaltet, die
sich untereinander wieder ausgleichen, so dass ein einzelnes Risiko
für seinen Gesamtertrag nicht so stark ins Gewicht fällt. Aufgrund
dieser höchstens sehr geringen Risikoaversion wird vereinfacht eine
Risikoneutralität des Arbeitsamtes angenommen. Der Agent (Vermittlungsagentur) handelt dagegen nur für sich selbst. Ein Verlust
durch einen einzelnen externen Effekt, der aber gerade sein Einkommen trifft, wiegt für ihn somit ungleich schwerer. Er ist somit
risikoavers.

Somit wäre der Agent im Fall von ergebnisabhängigen Löhnen
nur dann bereit einen Vertrag zu akzeptieren, wenn er im Erfolgs-

---

[104]Richter, 1996, S. 205

fall deutlich mehr verdient als im Misserfolgsfall, also wenn ihm der Prinzipal zur Kompensation des Risikos eine Risikoprämie zahlt. Da der Prinzipal risikoneutral ist, fiele diese Risikoprämie nicht an, wenn der Agent einen Fixlohn bekäme und der Prinzipal das Risiko trüge. Somit entstünde durch ein Anreizschema mit Risikoübertragung auf den Agenten zwar ein Effizienzgewinn durch eine effizientere Anstrengung des Agenten, gleichzeitig aber auch ein Verlust durch die Risikoaversion des Agenten. Insofern müsste der Prinzipal diese beiden Effekte gegeneinander aufwiegen und gegebenenfalls weniger starke Anreize setzen, die dann zu einer nicht ganz optimalen Anstrengung des Agenten führen, um die Risikoprämie nicht zu groß werden zu lassen.[105]

Man unterscheidet bei Risikoaversion zwischen absoluter konstanter Risikoaversion, bei der nur die absoluten Einkommensunterschiede in den möglichen Szenarien relevant sind und relativer Risikoaversion, bei der auch das Anfangsvermögen des Individuums eine Rolle spielt.[106] Somit wäre bei absoluter konstanter Risikoaversion der Nutzenverlust bei zwei Menschen mit gleichem Grad an Risikoaversion und gleicher möglicher Einkommensschwankung gleich, auch wenn es sich bei dem einen um einen Menschen handelt, der in jedem Szenario-Fall ein Millioneneinkommen hat, und bei dem anderen um einen Menschen, der entweder einen kleinen Gewinn oder einen kleinen Verlust macht. Im folgenden werde ich mich auf die praktikablere absolute konstante Risikoaversion beschränken.

Allgemein kann man sagen, dass ein Entscheidungsträger dann risikoavers ist, wenn er immer eine sichere Zahlung in Höhe von $E[x]$ einer stochastischen Zahlung von $x$ vorzieht und somit $U[E(x)] \geq E[U(x)]$ für alle $x$ ist.[107] Bei einem risikofreudigen Entscheidungs-

[105]Dieser Trade-Off zwischen Risikoprämie und Anreizeffekt wird am Modell des nächsten Kapitel praktisch veranschaulicht.
[106]Bamberg, 1996, S. 84
[107]Bamberg, G & Spremann, K; 1981; S. 206

träger ist es dagegen genau umgekehrt: $U[E(x)] \leq E[U(x)]$

Nutzenfunktionen beinhalten zudem eine Variable $r$, die den Grad der Risikoaversion beziehungsweise der Risikofreudigkeit misst.

$$\begin{cases} \text{Wenn } r > 0, & \text{dann liegt} & \text{Risikoaversion vor.} \\ \text{Wenn } r = 0, & \text{dann liegt} & \text{Risikoneutralität vor.} \quad [108] \\ \text{Wenn } r < 0, & \text{dann liegt} & \text{Risikofreudigkeit vor.} \end{cases}$$

Es sind nun verschiedene risikoaverse Nutzenfunktionen denkbar. Auch in der Literatur werden zahlreiche Funktionen mit verschiedenen Vor- und Nachteilen verwandt.

Im folgenden Kapitel werde ich zwei verschiedene Nutzenfunktionen benutzen. Einerseits eine allgemeine Nutzenfunktion:

$$\mathbf{U(x) = E(x) - rVar(x),}$$

die für alle $x$, $r \in Q$ definiert ist und bei der $U(x) = E(x)$ bei $r = 0$ beträgt.

Bei einem komplexeren Modell werde ich zudem die einfachere Nutzenfunktion

$$\mathbf{U(x) = E[x^{\frac{1}{r+1}}]}$$

benutzen, die ich jedoch auf $r > -1$ und $x \geq 0$ einschränken muss.

**Betrachtung der Funktion $\mathbf{U(x) = E(x) - rVar(x)}$**

$U[E(x)] = E[x]$

$E[U(x)] = E(x) - rVar(x)$

Da $Var(x)$ bei stochastischem $x$ immer positiv ist, folgt daraus, dass $E[x] > E(x) - rVar(x)$ für positive $r$, $E[x] < E(x) - rVar(x)$

---

[108]Günther Bamberg, 1996, S. 85

für negative $r$ und $E[x] = E(x) - rVar(x)$ bei $r = 0$ und somit die genannten Bedingungen für eine Nutzenfunktion mit Risikokomponente erfüllt sind.[109]

**Betrachtung der Funktion $U(x) = E[x^{\frac{1}{r+1}}]$**

$$U[E(x)] = E[x]^{\frac{1}{r+1}}$$

$$E[U(x)] = E[x^{\frac{1}{r+1}}]$$

Da eine Funktion $x^a$ mit $x > 0$ und $a > 0$ konkav für $a \in (0, 1)$ und konvex für $a > 1$ ist, folgt daraus, dass bei positivem $r$ (Risikoaversion) $E[x]^{\frac{1}{r+1}} > E[x^{\frac{1}{r+1}}]$ und bei negativem $r$ (Risikofreudigkeit) $E[x]^{\frac{1}{r+1}} < E[x^{\frac{1}{r+1}}]$ und somit die erforderlichen Bedingungen erfüllt sind.

## 6.3 Screening bei vorvertraglicher Informationsasymmetrie

### 6.3.1 Vorvertragliche Informationsasymmetrie

Informationsasymmetrie ist jedoch auch vor Vertragsschluss vorstellbar. In diesem Fall verfügt der Agent über Informationen hinsichtlich eigener Charakteristika oder hinsichtlich entscheidungsrelevanter Zustände, von denen der Prinzipal keine Kenntnis besitzt. So könnte es mehrere verschiedene Typen von Agenten mit jeweils unterschiedlicher Produktivität geben. Im Gegensatz zum hidden action Fall wäre dies ein exogener Parameter und keine endogene Handlung, von der der Prinzipal keine Kenntnis hätte. Nach Kräkel ergebe sich hier auch kein parteo-effizientes Gleichgewicht auf

---

[109]Im folgenden Kapitel werde ich bei dieser Funktion bei der Varianz $Var(x)$ mit der Wurzel des unsicheren Teil des Ertrages arbeiten, um die Lösbarkeit des Modells zu gewährleisten. Damit ist die Gleichung zwar nicht mehr ganz symmetrisch, es ändert sich jedoch nichts an den oben festgelegten Bedingungen, da $Var(x)$ weiterhin positiv ist. Die genaue Implementierung dieser Gleichung wird im folgenden Kapitel bei der Anwendung noch einmal erklärt.

dem Markt mehr, weil es nicht für jeden Produktivitäts-Typ einen eigenen Markt gebe.[110]

Da der Prinzipal die Produktivität der Agenten nicht kennt, würde er nun beide Typen zum gleichen Lohn einstellen und würde so im Durchschnitt mit den produktiven Agenten einen deutlich höheren Gewinn machen als mit den unproduktiven. Seine Gewinnerwartung wäre allerdings von einer über die Gesamtheit der Agenten berechneten Erwartung der Produktivität abhängig.

### 6.3.2 Adverse Selektion

Wenn nun aber die produktiveren Agenten nur zu einem deutlich höheren Lohn als die unproduktiven zu arbeiten bereit sind - zum Beispiel aufgrund höherer Kosten -, entsteht ein Problem. Der Prinzipal richtet den allgemeinen Lohn an der erwarteten Produktivität aus, also auch teilweise an der der unproduktiven Agenten. Somit kann es sein, dass die produktivsten Agenten nicht mehr für den Prinzipal arbeiten, weil ihnen der Lohn zu niedrig ist, und sich zum Beispiel eher selbständig machen. Wenn der Prinzipal dies antizipiert, reduziert sich aber somit die erwartete Produktivität und dann auch der davon abhängende Lohn. Daraufhin könnten wieder produktivere Agenten aufhören zu arbeiten bis schließlich nur noch die unproduktiven Agenten übrig sind, die für einen geringen Lohn arbeiten, wobei die produktiveren Agenten zwar für einen höheren Lohn, aber eine deutlich höhere Produktivität geliefert hätten. Somit kommt es zu einem Effizienzverlust durch adverse Selektion.[111,112]

Selbst wenn die produktiven Agenten auch bei einem niedrigeren Honorar immer noch anbieten, zum Beispiel, weil sie woanders

[110]Kräkel, 1999, S. 24
[111]Mas-Colell, 1995, S.441
[112]Kräkel, 1999, S. 24

auch nicht mehr verdienen könnten, kann es zum Effizienzverlust kommen. Wenn der Prinzipal eine leistungsabhängige Bezahlung anbietet, aber nicht den Produktivitätstyp der Agenten kennt, kann er keine für ihn optimale Anstrengung implementieren. Denn er würde sein Anreizschema auf die erwartete Produktivität ausrichten, was bei einem Typ zu einer zu hohen, beim anderen Typ zu einer zu niedrigen Anstrengung, verglichen mit dem effizienten Niveau, führen würde. Dadurch entstünde ein Effizienzverlust. Zudem würde der Prinzipal eventuell einen höheren Gewinn machen, wenn er nur die produktiven Agenten beschäftigen könnte.

### 6.3.3 Lösungsansatz: Screening

Eine Möglichkeit, Probleme aus nachvertraglicher Informationsasymmetrie zu lösen, ist Screening. Dabei kennt der Prinzipal zwar wesentliche Eigenschaften der Agenten nicht; die Agenten kennen aber ihre eigenen Eigenschaften. Der Prinzipal weiß, welche Typen existieren und wie deren Eigenschaften sind, er weiß nur nicht, welcher Agent welchem Typ angehört. Der Prinzipal versucht nun, spezielle Kontrakte mit ergebnisabhängiger Bezahlung anzubieten, bei dem sich die verschiedenen Agenten automatisch den Kontrakt aussuchen, der ihrem Typ zugedacht ist, und damit ihre verborgenen Eigenschaften preisgeben. Bei der Gestaltung der Kontrakte muss der Prinzipal deswegen einerseits beachten, dass für jeden Typ immer der für ihn gedachte Kontrakt den höchsten erwarteten Gewinn bedeutet und es sich somit nicht lohnt, sich als ein anderer Typ auszugeben. Des weiteren müssen zumindest die Agenten, die der Prinzipal kontrahieren möchte, einen erwarteten Gewinn haben, der über ihren Reservationsnutzen hinausgeht, damit sie den Vertrag überhaupt annehmen.[113,114]

---

[113]Salanié, 1997, S. 27
[114]Kräkel, 1999, S. 32

Je nachdem, wie viele Agenten es von jedem Typen gibt, wie stark sich deren Eigenschaften unterscheiden und wie der Bedarf des Prinzipals an Agenten ist, ergeben sich nun verschiedene Lösungen. Entweder möchte der Prinzipal nur produktive Agenten rekrutieren. Er machte dann nur ein Art von Angebot, das nur die produktiven Agenten annehmen, weil der erwartete Gewinn der unproduktiven Agenten bei diesem Angebot zu niedrig ist. Dies nennt man Sorting.[115] Oder aber der Prinzipal bietet verschiedene Kontrakte für Produktive und Unproduktive an, die diese jeweils annehmen würden. Dies ist ein Separating Equilibrium. Aufgrund einer speziellen Situation oder Risikoaversion der Agenten ist es aber eventuell nicht möglich, verschiedene Kontrakte anzubieten, da zum Beispiel kein Kontrakt existiert, der von Produktiven angenommen, von Unproduktiven aber abgelehnt würde. In diesem Fall gibt es nur einen Kontrakt für alle (pooling equilibrium).[116]

## 6.4 Creaming-Effekte

Ein zusätzliches Problem bei unvollständiger Information über die Eigenschaften der Arbeitslosen besteht in sogenannten Creaming (Abschöpfungs)- Effekten. Da die Vermittlungsagenturen einige Eigenschaften der Arbeitslosen kennen oder herausfinden können, könnten sie anhand dieser eine Vorauslese treffen und sich nur um die Arbeitslosen kümmern, bei denen sie eine kostengünstige Vermittlung erwarten. Zudem könnten sie versuchen, nur in leicht vermittelbare „prekäre Niedriglohnjobs" zu vermitteln, die nicht die Präferenzen der Arbeitslosen berücksichtigen.[117] Somit bestünde ein Widerspruch zwischen den Interessen des Arbeitsamtes und der Arbeitslosen auf der einen Seite, die möglichst alle Arbeitslosen in zu-

---

[115]Salanié, 1997, S. 31
[116] Kräkel, 1999, S. 29
[117]Dreas, 2002, S. 3

friedenstellende Jobs vermittelt haben wollen, wo die Arbeitslosen
dann auch langfristig bleiben, und den Agenturen auf der anderen
Seite, die ihren Gewinn maximieren[118] und deshalb bildlich gespro-
chen nur die „Schlagsahne (cream) vom Kuchen wollen".

Um noch genauer herausfinden zu können, welche Arbeitslosen
leichter zu vermitteln sind, könnten die Agenturen Investitionen
tätigen, um pro Arbeitslosen die erwarteten Kosten herauszufin-
den und sich dann die als leicht zu vermitteln klassifizierten Arbeitslosen herauszusuchen. Als Reaktion darauf könnte nun auch
das Arbeitsamt die erwarteten Kosten pro individuellem Arbeitslosen ermitteln, bevor es Vermittlungsaufträge vergibt, um Creaming zu verhindern und den Agenturen dann für jeden einzelnen
Arbeitslosen ein spezielles Angebot zu machen. Wenn Arbeitsamt
und Arbeitslose zu ähnlichen Resultaten bei ihrer Informationsgewinnung kommen, besteht für die Agenturen kein Anreiz mehr,
nur die leicht Vermittelbaren herauszusuchen, und sie würden jeden
Vertrag annehmen, da jede Vermittlung einen gleich hohen erwarteten Gewinn beinhaltet. Jedoch fallen in diesem Fall auf beiden
Seiten erhebliche Kosten zur Informationsgewinnung an.

Deshalb ist auch eine andere Gleichgewichtslösung denkbar, bei
der verschiedene Honorarhöhen an einer von beiden Seiten leicht
erkennbaren Eigenschaft der Arbeitslosen, wie die Länge der bisherigen Arbeitslosigkeit, festgemacht werden können, die Rückschlüsse auf die zu erwartenden Kosten zuläßt. Zwar ließen sich für die
Agenten nun wieder Gewinne aus Creaming erzielen, wenn sie noch
weitere Informationen über die Arbeitslosen einholten und dementsprechend einzelne Arbeitslose nicht betreuten. Um dies zu verhindern, müsste auch das Arbeitsamt wieder investieren, um ein ak-
kurateres Honorarsystem zu erstellen. Wenn jedoch die Kosten aus
einer weiteren Informationsermittlung für die Agenten höher sind

---

[118]Dreas, 2002, S. 3

als mögliche Gewinne aus Creaming, würden sie auf diese weitere
Informationsgewinnung verzichten, und es stellte sich eine Gleichgewichtslösung ein, bei der auch das Arbeitsamt auf weitere Informationsgewinnung verzichtet, und alle Arbeitslosen anhand dieser
externen Merkmalen zugeordneten Honorare betreut würden.

## 6.5    Effizienzlöhne

Bisher wurde festgestellt, dass der Prinzipal (Arbeitsamt) verschiedene Möglichkeiten wie Monitorring oder anreizverträgliche Löhne hat, um Agenten (Vermittlungsagenturen) von nachträglichem
Opportunismus abzuhalten. Jedoch verursacht starkes Monitorring
hohe Kosten, und auch durch Anreizlöhne kommt es bei risikoaversen Agenten zu Risikokosten. Deshalb ist zu untersuchen, ob das
Arbeitsamt nicht seine Monopolstellung als Nachfrager von Arbeitsvermittlung nutzen könnte, um die privaten Agenturen von nachträglichem Opportunismus abzuhalten, ohne sie vollständig kon-
trollieren oder ihnen Anreizlöhne zahlen zu müssen.

Eine solche Möglichkeit besteht mit Hilfe von Effizienzlöhnen.
Effizienzlöhne liegen oberhalb des markträumenden Gleichgewichts-
lohnniveaus und verursachen dadurch höhere Lohnkosten für den
Prinzipal.[119] Solche Löhne können dennoch für den Prinzipal ra-
tional sein, wenn sie Leistungsanreize induzieren. Dazu müssten
folgende Bedingungen erfüllt sein:

1. Ein bestimmtes Anstrengungsniveau, das jedoch nicht beobachtbar oder kontrahierbar ist, wurde zwischen Prinzipal und Agent
vereinbart.

2. Durch geringes Monitorring kann der Prinzipal einige, jedoch unsichere Rückschlüsse darauf gewinnen, ob sich der Agent

---

[119]Kräkel, 1999, S. 104

an das vereinbarte Anstrengungsniveau hält oder davon abweicht. Aufgrund des geringen Monitorring und der Unbeobachtbarkeit der Anstrengung kann es jedoch auch vorkommen, dass der Prinzipal zu Unrecht den Agenten des Abweichens verdächtigt. Jedoch muss die Wahrscheinlichkeit des „zu Unrecht Verdächtigens" geringer sein, als die Wahrscheinlichkeit des „zu Recht Verdächtigens", weil sonst für den Agenten kein Leistungsanreiz zur Anstrengung besteht.

3. Falls der Prinzipal einigermaßen sicher ist, dass der Agent von der vereinbarten Anstrengung abgewichen ist, muss er ihn entlassen und sich glaubwürdig darauf festlegen können, dass er ihn nie wieder beschäftigt. Falls der Prinzipal der einzige Nachfrager auf dem Markt ist, ist diese Entlassung besonders schwerwiegend, weil der Agent somit für immer aus dem Markt ausgeschlossen wäre.

4. Damit die Entlassung für den Agenten eine Gefahr darstellt, muss sein Reservationslohn deutlich geringer als der aktuelle Lohn sein. Je deutlicher die Differenz ist, um so größer ist der Anreiz des Agenten, nicht von der vereinbarten Anstrengung abzuweichen, da er sonst ein höheres Risiko trüge den lukrativen Job zu verlieren. Eine deutliche Differenz zwischen den beiden Löhnen kann erzielt werden, indem der Prinzipal einen Lohnaufschlag auf den Wettbewerbslohn zahlt.[120]

Je nachdem, wie stark der Agent seinen zukünftigen Nutzen, der ja bei einer Entlassung geringer wäre, abdiskontiert, gibt es nun bei gegebenen Entdeckungswahrscheinlichkeiten genau einen Effizienzlohn, ab dem es sich für den Agenten gerade nicht mehr lohnt, von der vereinbarten Anstrengung abzuweichen.

Mit diesen Effizienzlöhnen ließe sich somit eine optimale Anstrengung implementieren, ohne erfolgsabhängige Löhne zahlen zu müssen, die ja zum Beispiel bei risikoaversen Agenten den Nachteil einer zusätzlichen Risikoprämie für den Agenten beinhaltet. Effizi-

---

[120]Kräkel, 1999, S. 105

enzlöhne sind für den Prinzipal dann optimaler, wenn die zusätzlichen Kosten durch geringes Monitorring und einen höheren Effizienzlohn geringer sind als die sonst zu zahlenden hohen Monitorring- oder Risikokosten.

# 7 Modell anreizverträglicher Verträge zwischen Arbeitsamt und Agenturen

## 7.1 Annahmen

Im folgenden wird ein Modell entwickelt, anhand dessen die Effizienz bei der Vermittlung von Arbeitslosen analysiert werden soll. Dazu werden die theoretischen Konzepte, die im letzten Kapitel dargestellt wurden, als Grundlage genommen.

Die Akteure sind das Arbeitsamt, die privaten Vermittlungsagenturen und die Arbeitslosen selbst. Dabei beauftragt das Arbeitsamt indirekt durch ein Gutscheinsystem eine private Agentur mit der Vermittlung eines Arbeitslosen. Mit diesem vom Arbeitsamt ausgegebenen Gutschein kann der Arbeitslose eine private Agentur mit seiner Vermittlung beauftragen. Grund für diese Beauftragung könnte einerseits die Möglichkeit sein, dass aufgrund der privatwirtschaftlichen Ausrichtung der Agentur bei dieser geringere Suchkosten anfallen.[121] Aufgrund des recht starren öffentlichen Dienstrechtes könnte es andererseits einfacher sein, über private Agenturen eine leistungsbezogene Bezahlung zu implementieren.

Ich gehe davon aus, dass alle Akteure - also auch das Arbeitsamt - in erster Linie an der Maximierung des eigenen Gewinnes inter-

---

[121]Die privatwirtschaftlichere Ausrichtung der Agenturen kann nach einem Bericht des Internationalen Arbeitsamtes dazu führen, dass diese wesentlich effizienter, dynamischer und innovativer Arbeitsvermittlung betreiben könnte, als das aufgrund seiner Größe und behördlichen Struktur eher schwerfällige Arbeitsamt. (Internationales Arbeitsamt, 1994, S. 63)

essiert sind. Für die Arbeitslosen besteht dieser Gewinn aus der Differenz zwischen Lohn im vermittelten Job auf der einen und dem stattdessen erhaltenen Arbeitslosengeld samt Nutzen aus Freizeit auf der anderen Seite. Der Gewinn des Arbeitsamtes besteht aus dem gesparten Arbeitslosengeld $D$, das es in dieser Periode und mit einer gewissen Wahrscheinlichkeit auch in den zukünftigen Perioden nicht an die vermittelten Arbeitslosen zahlen muss, abzüglich der Honorare, die es an die Agenturen für die Vermittlung zahlen müsste.[122][123] Für die Vermittlungsagenturen besteht der Gewinn aus den Vermittlungshonoraren abzüglich der angefallenen Vermittlungskosten. Dabei gehe ich davon aus, dass das Arbeitsamt unendlich lange an jeden nicht vermittelten Arbeitslosen jede Periode ein gleich hohes Arbeitslosengeld zahlen muss.

Ich nehme an, dass die Vermittlungsagenturen sehr klein sind und ihre Mitarbeiter entweder sehr erfolgsbezogen entlohnen oder aber nur aus direkt vom Erfolg abhängigen Partnern bestehen. So-

---

[122]Dabei vernachlässige ich, dass in Deutschland das Arbeitsamt nur eine gewisse Zeit lang ein beitragsfinanziertes Arbeitslosengeld zahlt und danach eine stetig sinkende steuerfinanzierte Arbeitslosenhilfe. Zusätzlich wird vernachlässigt, dass das Arbeitsamt einen zusätzlichen Vorteil durch die Vermittlung eines Arbeitslosen hat, indem der Vermittelte aufgrund des neuen Jobs wieder Sozialbeiträge und Steuern zahlt.

[123]Das ersparte Arbeitslosengeld $D$, das das Arbeitsamt an den Arbeitslosen hätte zahlen müssen, wenn dieser weiterhin arbeitslos geblieben wäre, setzt sich aus den erwarteten mit dem Diskontsatz $\beta$ abdiskontierten Ersparnissen aller zukünftigen Perioden zusammen. So spart das Arbeitsamt pro Periode das sonst angefallene Arbeitslosengeld $A$, das unendlich lang in konstanter Höhe gezahlt würde. Die Wahrscheinlichkeit, dass ein Arbeitsloser noch in der $i-ten$ Periode nach einer erfolgreichen Vermittlung seinen Job hat, beträgt $W_i$. Falls das Arbeitsamt das Honorar $G_3$ zahlen muss und der Arbeitslose somit bereits eine Periode lang seinen Job behalten hat, ist die Ersparnis der ersten Periode sicher und somit $W_0 = 1$. Wenn der Arbeitslose nur vermittelt wurde und somit in einem entsprechenden Modell das Honorar $G_2$ gezahlt würde, ist dagegen auch die Ersparnis der ersten Periode noch unsicher und auch alle zukünftigen Wahrscheinlichkeiten $W_1, W_2, ...$ geringer als im vorherigen Fall, da angenommen wird, dass ein Arbeitsloser, der bereits ein halbes Jahr seinen Job behalten hat, diesen auch mit einer höheren Wahrscheinlichkeit in Zukunft behält als ein gerade erst vermittelter Arbeitsloser.

Somit lässt sich die gesamte erwartete Ersparnis des Arbeitsamts wie folgt schreiben: $D = \sum_{i=0}^{\infty} W_i \beta^i A$.

mit kann man vereinfacht eine Agentur wie ein Individuum behandeln, das seine Anstrengung direkt nach dem zu erwarteten Erfolg ausrichtet. Moral Hazard innerhalb der Agentur findet deshalb nicht statt.

Das folgende Modell ist vor allem an der Gewinnmaximierung des Arbeitsamtes (Prinzipal) ausgerichtet, da das Arbeitsamt der Akteur ist, der auch die Gestaltung der Verträge bestimmen kann. Die Arbeitslosen akzeptieren einen vermittelten Job aber nur dann, wenn der Lohn über ihrem bisherigen Nutzen aus Freizeit und Arbeitslosengeld liegt. Die Vermittlungsagenturen maximieren ihren Nutzen, in dem sie ihre Partizipation und Anstrengung an der Vertragsgestaltung des Arbeitsamtes ausrichten.

- $G_1$ = Grundhonorarbetrag des Gutscheins bei Beauftragung der Agentur

- $G_2$ = Honorargutschein bei gelungener Vermittlung

- $G_3$ = Honorargutschein bei gänzlich gelungener Vermittlung bei der der Arbeitslose vermittelt wurde und den vermittelten Job auch nach einer gewissen Zeit (z.B. nach einer Periode von 6 Monaten) noch hat

- $D$ = Gespartes Arbeitslosengeld, das das Arbeitsamt bei gescheiterter Vermittlung hätte weiterzahlen müssen

- $C(e)$ = Vermittlungskosten der Agentur bei Vermittlung eines Arbeitslosen

- $\bar{U}$ = Reservationsnutzen der Vermittlungsagentur, den sie bei einer Beschäftigung in einem anderen Bereich erzielen könnte

- $e$ = Anstrengungsniveau $e \, \epsilon \, (0, 1)$

- $q(e)$ = Wahrscheinlichkeit, dass bei Anstrengung $e$ die Vermittlung erfolgreich ist $\frac{\partial q(e)}{\partial e} > 0$

- $p(e)$ = Wahrscheinlichkeit, dass der Arbeitslose den vermittelten Job auch nach einer gewissen Zeit (z.B. nach 6 Monaten) noch hat $\frac{\partial p(e)}{\partial e} > 0$

- $\pi_V$ = Nutzen der Vermittlungsagentur

- $\pi_A$ = Gewinn des Arbeitsamtes

Das Arbeitsamt stellt einen Gutschein $G$ an die Arbeitslosen aus. Mit diesem Gutschein können die Arbeitlosen dann eine private Agentur damit beauftragen, ihnen einen Job zu vermitteln. Die Höhe der auf den Gutscheinen genannten Honorare ist jedoch gestaffelt. So gibt es ein Grundhonorar $G_1$, das bei der Beauftragung der Agentur unabhängig von deren Erfolg anfällt. Dieses Honorar $G_1$ kann auch negativ und somit quasi eine Grundgebühr für die Agenturen sein. Falls die Vermittlung erfolgreich war, bekommt die Agentur das Honorar $G_2$ und falls der Arbeitslose nach einer festgelegten Zeit immer noch in diesem vermittelten Job arbeitet, erhält die Agentur zusätzlich noch das Honorar $G_3$.

Im folgenden wird davon ausgegangen, dass alle Arbeitslosen gleich sind. Somit ist die Wahrscheinlichkeit, dass eine Agentur erfolgreich vermitteln kann, zwar steigend bezüglich der Anstrengung der Agentur, jedoch bei konstanter Anstrengung bei allen Arbeitslosen gleich. Ein Arbeitsloser wird dann einen vermittelten Job akzeptieren, wenn der Lohn über dem Arbeitslosengeld zuzüglich des momentanen Nutzens aus Freizeit liegt. Bei allen Arbeitslosen ist außerdem die Wahrscheinlichkeit gleich, dass sie bei gegebener Anstrengung der Agentur den vermittelten Job auch noch eine gewisse Zeit behalten. Bei einer größeren Anstrengung der Agenturen, also wenn diese stärker darauf achten, dass Fähigkeiten und Interessen des Arbeitslosen bei dem vermittelten Job berücksichtigt werden, ist somit auch die Wahrscheinlichkeit größer, dass der Arbeitslose diesen Job noch länger behält.

## 7.2 Allgemeines Prinzipal-Agent-Modell

Um die folgende Variation mit einem Optimalzustand zu vergleichen, betrachte ich zuerst ein Modell, bei der das Arbeitsamt die Anstrengung der Agenturen beobachten kann und keine Informationsasymmetrie, Risikoaversion oder andere effizienzreduzierende Faktoren existieren.

### 7.2.1 Modell bei beobachtbarer Anstrengung

Alle Arbeitslosen und Agenturen sind jeweils gleich. Die Erfolgswahrscheinlichkeiten und Kosten der Agenturen sind bekannt. Arbeitsamt und Vermittlungsagenturen sind risikoneutral. Die Anstrengungen der Agenturen sind vom Arbeitsamt beobachtbar. Das Arbeitsamt bietet einen Vertrag mit diesmal nur zwei Komponenten an: ein Honorar $G_3$, wenn der Arbeitslose erfolgreich vermittelt wurde und noch mindestens eine Periode den Job behält und eine Grundgebühr $G_1$, die die Agentur bei der Übernahme des Vermittlungsauftrags zahlen muss. $D$ bezieht sich somit auf die erwartete Ersparnis des Arbeitsamtes, wenn der Arbeitslose bereits eine Periode seinen Job behalten hat.

Sei $p(e) = e$ und $C(e) = e^2$
Arbeitsamt und Agenturen haben folgende Nutzenkalküle:
Arbeitsamt : $\max_{G_1, G_3} E[\pi_{AA}] = (D - G_3)\,p(e) - G_1$
Agentur :　　$\max_e E[\pi_V] = G_3\,p(e) + G_1 - C(e)$

**Partizipationsbedingung der Agenturen :** $G_3\,p(e) + G_1 - C(e) \geq \bar{U}$

## Modell

Das Arbeitsamt kann die Anstrengung der Agenturen beobachten und somit eine bestimmte Anstrengung für die fixe Vergütung verlangen. Falls die Agenturen diese verlangte Anstrengung nicht erbringen, kann das Arbeitsamt jede Bezahlung ablehnen. Außerdem hat das Arbeitsamt als Monopolist die Möglichkeit, den Agenturen als Bezahlung ausschließlich die Kosten für ihre Anstrengung zuzüglich ihres Reservationslohns zu zahlen. Daraus folgt als Nutzenkalkül des Arbeitsamtes:

$$E[\pi_{AA}] = p(e)D - [C(e) + \overline{U}]$$
$$E[\pi_{AA}] = eD - e^2 - \overline{U}$$
$$\frac{\partial E[\pi_{AA}]}{\partial e} = D - 2e = 0$$
$$e^* = \frac{D}{2}$$

$\Rightarrow G_1 \geq \overline{U} + \frac{D^2}{4} - \frac{D}{2}G_3$ (Einsetzen der Lösung in die Partizipationsbedingung)

Da das Unternehmen seinen Gewinn maximiert, kann das $\geq$ durch ein $=$ ersetzt werden.[124]

Somit stellen alle $G_1$ und $G_3$, die die Gleichung $G_1 = \overline{U} + \frac{D^2}{4} - \frac{D}{2}G_3$ erfüllen eine effiziente[125] Lösung dar.

$$E[\pi_{AA}] = D\,e^* - G_3\,e^* - G_1 = D\frac{D}{2} - G_3\frac{D}{2} - \frac{D^2}{4} - \bar{U} + G_3\frac{D}{2} = \frac{D^2}{4} - \bar{U}$$
$$E[\pi_V] = G_3\,e^* + G_1 - C(e) = G_3\frac{D}{2} + \frac{D^2}{4} + \bar{U} - G_3\frac{D}{2} - \left(\frac{D}{2}\right)^2 = \bar{U}$$

## Ergebnis

Somit würde das Arbeitsamt der Vermittlungsagentur ihren Reservationsnutzen $\overline{U}$ und die entstehenden Kosten $\frac{D^2}{4}$ zahlen, wenn die Agentur die für das Arbeitsamt optimale Anstrengung $e^*$ wählt. Der erwartete Nutzen der Agentur entspräche ihrem Reservations-

---

[124] Im folgenden wird das Ungleichheitszeichen in der Partizipationsbedingung immer durch ein Gleichheitszeichen ersetzt, da das Arbeitsamt seinen Gewinn maximierend die Agenturen auf ihren Reservationsnutzen drückt.

[125] Bei Beschränkung auf den Nutzen von Arbeitsamt und Agentur.

nutzen. Das Arbeitsamt hätte einen erwarteten Gewinn von $\frac{D^2}{4} - \bar{U}$. Je nachdem wie $G_1$ und $G_3$ gewählt werden, trägt das Arbeitsamt oder aber die Agentur mehr Risiko. Da jedoch beide risikoneutral sind, ist die Risikoverteilung unerheblich für das Ergebnis.

### 7.2.2 Modell bei nicht beobachtbarer Anstrengung

Um das Modell realitätsnäher zu gestalten, gehe ich jedoch nun davon aus, dass das Arbeitsamt nur beobachten kann, ob die Vermittlung letztendlich erfolgreich war oder nicht. Inwieweit sich die Agentur aber anstrengte, um erfolgreich zu vermitteln, ist dagegen nicht beobachtbar.[126] Deswegen kann das Arbeitsamt nur für sichtbare Erfolge, nicht aber für geleistete Anstrengungen eine Vergütung bezahlen. In diesem Modell wird davon ausgegangen, dass das Arbeitsamt sich wie ein gewinnmaximierendes Unternehmen verhält. Somit versucht es die optimale Anstrengung der Agenturen zum günstigsten Preis zu bekommen, so dass die Agenturen gerade so den Vertrag annehmen.

**Nutzenkalküle** von Arbeitsamt und Agenturen:

Arbeitsamt : $\max_{G_1,G_3} E[\pi_{AA}] = (D - G_3)\,p(e) - G_1$
Agentur : $\max_e E[\pi_V] = G_3\,p(e) + G_1 - C(e)$

**Partizipationsbedingung der Agenturen :** $G_3\,p(e) + G_1 - C(e) \geq \bar{U}$

Sei $p(e) = e$ und $C(e) = e^2$

---

[126]Alternativ kann auch davon ausgegangen werden, dass mögliche Beobachtungen nicht vertraglich kontrahierbar sind. Das heißt, dass je nach Vertragsgestaltung das Arbeitsamt den Agenturen nicht nachweisen kann, dass sich diese kaum angestrengt hätten, beziehungsweise die Agenturen nicht nachweisen können, dass sie sich sehr angestrengt hatten.

## Schritt 1: Agentur maximiert

$$E[\pi_V] = p(e)G_3 + G_1 - C(e) = eG_3 + G_1 - e^2$$
$$\frac{\partial E[\pi_V]}{\partial e} = G_3 - 2e = 0$$
$$e^* = \frac{G_3}{2}$$
$$e^* = \frac{G_3}{2}$$

## Schritt 2: Arbeitsamt antizipiert das Kalkül der Agentur und maximiert

$$e^* = \frac{G_3}{2}$$
$$G_1 = \bar{U} + (\tfrac{G_3}{2})^2 - G_2\,(\tfrac{G_3}{2})$$ (Einsetzen der Partizipationsbedingung)
$$E[\pi_{AA}] = (D - G_3)\tfrac{G_3}{2} - G_1 = (D - G_3)\tfrac{G_3}{2} - \bar{U} + (\tfrac{(G_3)^2}{4})$$
$$\frac{\partial E[\pi_{AA}]}{\partial G_3} = \frac{D}{2} - \frac{G_3}{2} = 0$$
$$G_3 = D$$
$$G_1 = \bar{U} + (\tfrac{D}{2})^4 - D\,(\tfrac{D}{2}) = \bar{U} - \frac{D^2}{4}$$

Somit müsste der Honorarbetrag des Gutscheins bei einer gelungenen Vermittlung, bei der der Arbeitslose auch noch nach einer Periode in diesem Job ist, $G_3 = D$ sein. Die Grundgebühr, die unabhängig vom Erfolg gezahlt wird, würde $\bar{U} - \frac{D^2}{4}$ betragen. Die erwarteten Gewinne von Arbeitsamt und Agentur sind dann wie folgt:

$$E[\pi_{AA}] = [D - D]\frac{D}{2} + \frac{D^2}{4} - \bar{U} = \frac{D^2}{4} - \bar{U}$$
$$E[\pi_V] = D\frac{D}{2} - \frac{D^2}{4} + \bar{U} - (\tfrac{D}{2})^2 = \bar{U}$$

## Zwischenergebnis

Im Fall von nicht beobachtbaren Anstrengungen der Agenturen ist es nun am effizientesten, wenn das Arbeitsamt der Agentur ihren kompletten Ertrag $D$ aus der Vermittlung als Belohnung anbietet. Damit die Agentur aber überhaupt den Auftrag zur Vermittlung bekommt, muss sie als Grundgebühr einen Betrag bezahlen, der

sich aus dem erwarteten Gewinn $\left[\frac{D^2}{4}\right]$ abzüglich des Reservationsnutzens $\bar{U}$ errechnet. Somit entspricht der erwartete Nutzen der
Agentur genau ihrem Reservationsnutzen, während das Arbeitsamt
einen erwarteten Gewinn von $\frac{D^2}{4} - \bar{U}$ macht. Das Arbeitsamt wälzt
somit das komplette Risiko auf die Agenturen ab und drückt diese
durch die Grundgebühr auf ihren Reservationsnutzen. Da sich an
der Anstrengung und dem erwarteten Nutzen von Arbeitsamt und
Agenturen nichts gegenüber dem Modell mit beobachtbaren Anstrengungen geändert hat, ergibt sich kein Effizienzverlust durch
die Unbeobachtbarkeit. Die entsprechenden Anreize konnten das
Effizienzniveau bewahren.

### 7.2.3  Modell mit Haftungsbeschränkung

Es ist jedoch vorstellbar, dass es praktisch nicht umsetzbar ist[127],
dass die Agentur bei der Übernahme des Vermittlungsauftrages eine
Grundgebühr zahlen muss, bei der sie ja im Fall der gescheiterten
Vermittlung für eine von ihr geleistete Arbeit sogar noch zahlen
müsste. In diesem Fall müsste die Grundgebühr 0 sein oder sogar
ein Grundhonorar von Seiten des Arbeitsamtes gezahlt werden.

**Nutzenkalkül**

Arbeitsamt : $\max_{G_1,G_3} E[\pi_{AA}] = (D - G_3)\,p(e) - G_1$
Agentur : $\max_e E[\pi_V] = G_3 p(e) + G_1 - C(e)$

**Haftungsbeschränkung:** $G_1 \geq 0$
**Partizipationsbedingung der Agenturen :** $G_3\,p(e) + G_1 - C(e) \geq \bar{U}$

---

[127]z.B. aus juristischen Gründen oder aus Missbrauchsgefahr, wenn der Arbeitslose nicht
kooperiert

Sei $\bar{U} = 0, p(e) = e, C(e) = e^2$

## Schritt 1: Agentur maximiert

$E[\pi_V] = p(e)G_3 + G_1 - C(e) = e\,G_3 + G_1 - e^2$

$\frac{\partial E[\pi_V]}{\partial e} = G_3 - 2\,e = 0$

$e^* = \frac{G_3}{2}$

## Schritt 2: Arbeitsamt antizipiert das Kalkül der Agentur und maximiert

$e^* = \frac{G_3}{2}$

$G_1 = (\frac{G_3}{2})^2 - G_3\,(\frac{G_3}{2}) = -(\frac{G_3}{2})^2$

$E[\pi_{AA}] = (D - G_3)\,\frac{G_3}{2} - G_1$

Nebenbedingungen : $G_1 \geq 0$ [Haftungsbeschränkung]

$G_1 \geq (\frac{G_3}{2})^2 - G_3\,(\frac{G_3}{2}) = -\frac{G_3^2}{4}$ [Partizipationsbedingung]

Wie aus den obigen Gleichungen zu sehen ist, bindet die Partizipationsbedingung nicht, da $G_1 \geq 0$ sein muss. Da ein Grundhonorar keine Anreizwirkung entfaltet, hätte das Arbeitsamt zudem kein Interesse, der Agentur ein solches zu zahlen. Somit ist $G_1 = 0$. Die Partizipationsbedingung bindet nun aber nicht mehr, da die Agentur aufgrund des nichtnegativen Grundhonorars nicht auf ihren Reservationsnutzen 0 gedrückt werden kann.

$E[\pi_{AA}] = (D - G_3)\,\frac{G_3}{2}$

$\frac{\partial E[\pi_{AA}]}{\partial G_3} = \frac{D}{2} - G_3 = 0$

$G_3 = \frac{D}{2}$

Da das Grundhonorar $G_1$ aufgrund der Haftungsbeschränkung niedrigstenfalls 0 betragen darf, verändert sich auch das Maximierungskalkül des Arbeitsamtes. Da sein Gewinn nunmehr nur noch aus der Differenz von $D$ und $G_3$ bei erfolgreicher Vermittlung besteht, wählt es $G_3$ nur noch halb so groß wie im vorangegangenen Modell. Somit beträgt $G_3 = \frac{D}{2}$ und auch $e^*$ und damit auch die

Erfolgswahrscheinlichkeit $p(e)$ ist mit $\frac{1}{4}$ nur noch halb so groß wie beim Modell ohne Haftungsbeschränkung.

$E[\pi_{AA}] = (D - \frac{D}{2})\frac{D}{4} = \frac{D^2}{8}$

$E[\pi_V] = \frac{D}{2}\frac{D}{4} - \left(\frac{D}{4}\right)^2 = \frac{D^2}{16}$

**Zwischenergebnis**

Im Vergleich zum Modell ohne Haftungsbeschränkung fällt auf, dass die Agentur einen über den Reservationslohn hinausgehenden Nutzen erzielen kann[128] und nun einen erwarteten Nutzen von $\frac{D^2}{16}$ gegenüber dem Reservationsnutzen aus dem Modell ohne Haftungsbeschränkung hat. Auf der anderen Seite verdient das Arbeitsamt jetzt nur noch $\frac{D^2}{8}$ gegenüber $\frac{D^2}{4}$ aus dem Modell ohne Haftungsbeschränkung. Insgesamt reduziert sich auch der summierte Nutzen von Arbeitsamt und Agentur um $\frac{D^2}{16}$ von $\frac{D^2}{4}$ auf $\frac{3D^2}{16}$. Somit sinkt die soziale Wohlfahrt gegenüber dem Modell ohne Haftungsbeschränkung.

### 7.2.4   Modell mit drei möglichen Outputleveln

Es könnte jedoch sinnvoll sein, nicht nur bei einer gänzlich gelungenen Vermittlung, bei der der Arbeitslose mindestens eine Periode in dem vermittelten Job bleibt, eine Prämie zu zahlen. Zudem könnte das Arbeitsamt eine Prämie zahlen, falls eine Vermittlungsagentur einen Teilerfolg erreicht, bei dem der Arbeitslose zumindest einen Job vermittelt bekommt, ohne zwangsläufig eine komplette Periode in diesem Job zu bleiben. Denn auch wenn der Arbeitslose nur eine geringere Zeit im vermittelten Job beschäftigt ist, folgt daraus eine Ersparnis für das Arbeitsamt.

---

[128] Ausnahme: Wenn der Reservationsnutzen höher als $\frac{D^2}{4}$ ist, bindet die Haftungsbeschränkungsbedingung nicht, und das Ergebnis ist mit dem aus 7.2.2 identisch. In diesem Fall ist der erwartete Gewinn des Arbeitsamtes jedoch negativ. Bei einem Reservationsnutzen von $\frac{D^2}{4} \geq \bar{U} \geq \frac{D^2}{8}$ ergibt sich eine Zwischenlösung aus dem Modell mit und dem Modell ohne Haftungsbeschränkung.

Dies würde der bereits umgesetzten Reform der Regierung entsprechen, bei der die Agenturen sowohl einen Honorarbetrag des Gutscheins für die Vermittlung als auch einen weiteren Betrag bekommen, wenn der Arbeitslose auch 6 Monate später noch in diesem Job ist.

In diesem Modell gehe ich davon aus, dass sich bei gegebener Anstrengung ein einfacher Vermittlungserfolg mit doppelt so hoher Wahrscheinlichkeit ereignet wie eine gänzlich gelungene Vermittlung, bei der der Arbeitslose seinen Job noch eine Periode behält.[129] Durch einen solchen Zwischenerfolg hat das Arbeitsamt den Nutzen $D_2$ und zahlt ein auf dem Gutschein festgelegtes Honorar von $G_2$. Sollte der Arbeitslose dagegen die komplette Periode seinen Job behalten, hat das Arbeitsamt davon einen zusätzlichen Nutzen von $D_3$ und zahlt ein zusätzliches Honorar von $G_3$.[130]

**Nutzenkalkül**

Arbeitsamt: $\max_{G_1, G_2, G_3} E[\pi_{AA}] = (D_3 - G_3)p(e)(D_2 - G_2)q(e) - G_1$

Agentur: $\max_e E[\pi_V] = G_3 p(e) + G_2 q(e) + G_1 - C(e)$

Partizipationsbedingung der Agentur: $G_3 p(e) + G_2 q(e) + G_1 - C(e) \geq \bar{U}$

Sei $q(e) = e$, $p(e) = \frac{e}{2}$; $C(e) = e^2$ und $\bar{U} = 0$

**Schritt 1: Agentur maximiert**

$E[\pi_V] = G_3 p(e) + G_2 q(e) + G_1 - C(e) = \frac{e}{2} G_3 + e\, G_2 + G_1 - e^2$

$\frac{\partial E[\pi_V]}{\partial e} = \frac{G_3}{2} + G_2 - 2\,e = 0$

$e^* = \frac{G_3 + 2G_2}{4}$

---

[129] Dabei schließt eine gänzlich gelungene Vermittlung natürlich einen einfachen Vermittlungserfolg mit ein.

[130] $D_2$ und $D_3$ lassen sich auch mit der Formel $D_j = \sum_{i=0}^{\infty} W_{ij} \beta^i A$ berechnen, wobei bei $W_{03} = 1$ und auch sonst die $W_{i3}$ tendenziell höher als die $W_{i2}$ sind.

**Schritt 2: Arbeitsamt antizipiert das Kalkül der Agentur und maximiert**

$e^* = \frac{G_3 + 2G_2}{4}$

$G_1 = (\frac{G_3+2G_2}{4})^2 - G_3(\frac{G_3+2G_2}{8}) - G_2(\frac{G_3+2G_2}{4}) =$

$G_1 = \frac{G_3^2+4G_2G_3+4G_2^2-2G_3^2-4G_2G_3-4G_2G_3-8G_2^2}{16} = -(\frac{G_3^2+4G_2G_3+4G_2^2}{16})$

$E[\pi_{AA}] = (D_3-G_3)(\frac{G_3+2G_2}{8}) + (D_2-G_2)(\frac{G_3+2G_2}{4}) + (\frac{G_3^2+4G_2G_3+4G_2^2}{16})$

**Maximierung nach $G_2$**

$\frac{\partial}{\partial G_2}E[\pi_{AA}] = \frac{1}{4}D_3 - \frac{1}{4}G_3 - \frac{1}{2}G_2 + \frac{1}{2}D_2 = 0$

$\Rightarrow G_3 = D_3 + 2D_2 - 2G_2$

**Maximierung nach $G_3$**

$\frac{\partial}{\partial G_2}E[\pi_{AA}] = -\frac{1}{8}G_3 - \frac{1}{4}G_2 + \frac{1}{8}D_3 + \frac{1}{4}D_2 = 0$

$\Rightarrow G_3 = -2G_2 + D_3 + 2D_2$

Die Ableitungen sind beide gleich. Somit sind alle $G_1, G_2, G_3$ Kombinationen, die der Regel $G_3 = -2G_2 + D_3 + 2D_2$ folgen, für das Arbeitsamt optimal. Der Einfachheit halber kann deswegen auch $G_2 = 0$ gewählt werden. Daraus folgt:

$\Rightarrow G_3 = D_3 + 2D_2$

$\Rightarrow G_1 = -(\frac{(D_3+2D_2)^2}{16})$

$\Rightarrow e^* = \frac{D_3+2D_2}{4}$

$E[\pi_{AA}] = [D_3 - D_3 - 2D_2]\frac{D_3+2D_2}{8} + \frac{D_3+2D_2}{4}D_2 + \frac{(D_3+2D_2)^2}{16} = \frac{(D_3+2D_2)^2}{16}$

$E[\pi_V] = (D_3+2D_2)\frac{D_3+2D_2}{8} - \frac{(D_3+2D_2)^2}{16} - \frac{(D_3+2D_2)^2}{16} = 0$

**Zwischenergebnis**

Falls das Arbeitsamt Zwischenprämien für Zwischenerfolge bei der Vermittlung einführt, ändert dies nichts an den Erlösen von Arbeitsamt und Vermittlungsagenturen. Denn $G_2$ und $G_3$ können innerhalb der genannten Gleichung beliebig gewählt werden. Die Agentur ist indifferent, ob sie eine sehr hohe Prämie beim eher unwahrscheinlicheren Fall des gänzlichen Vermittlungserfolges bekommt oder eine geringere, wenn sie bereits bei wahrscheinlicheren Erfolgen geringe Zwischenprämien bekommt, solange das erwartete Gutscheinhonorar immer gleich bleibt.

Aus Gründen der Verwaltungsersparnis sollte das Arbeitsamt in diesem Fall deshalb keine Gutscheine für Zwischenerfolge einführen, sondern beim System mit einem Honorar und einer Grundgebühr bleiben. Dies gilt jedoch nicht zwangsläufig für den im folgenden zu betrachtenden Fall der Risikoaversion der Agenturen.

## 7.3 Risikoaversion der Vermittlungsagenturen

### 7.3.1 Allgemeines Modell mit zwei möglichen Ergebnissen

Bei der Arbeitsvermittlung handelt es sich um eine Tätigkeit, bei der das Risiko des Misserfolges trotz geleisteter Anstrengung besteht. Fraglich ist nun, wer dieses Risiko tragen soll. Denn während bei einem reinen Fixlohnvertrag mit den Agenturen das Arbeitsamt das komplette Risiko trägt, wird bei einem anreizorientierten Lohnsystem ein Teil oder das komplette Risiko auf die Agenturen übergewälzt. Das Risiko besteht darin, keinen festen Ertrag mehr zu bekommen, sondern bei diesem stärkeren Schwankungen ausgesetzt zu sein, was je nach Konstitution des Akteurs als negativ angesehen werden könnte.

Da es sich beim Arbeitsamt um eine sehr große Behörde handelt, die mehrere Millionen Arbeitslose versorgt, kann man davon ausgehen, dass bei dieser die einzelnen Risiken sich gegenseitig größtenteils aufheben. Zudem betreffen die Ausgaben für Arbeitsvermittlung nur einen geringen Teil des Gesamtbudgets des Arbeitsamts, das somit notfalls auch größere Verluste ausgleichen könnte. Somit ist diese Behörde nicht so risikoanfällig und kann als risikoneutral angesehen werden.

Vermittlungsagenturen dagegen, speziell wenn sie relativ klein sind, betreiben fast nur Arbeitsvermittlung. Da sie bei weitem nicht so viele Fälle wie das Arbeitsamt behandeln, sind sie deutlich anfälliger bezüglich einzelner gescheiterter Vermittlungen. Insofern kann man sie als deutlich risikoaverser einschätzen. In diesem Modell wird versucht die Risikoaversion zu modellieren, indem der Nutzen als Funktion des erwarteten Gewinnes abzüglich der Varianz dargestellt wird. [131]

**Annahmen:**

Alle Arbeitslosen und Agenturen sind jeweils gleich. Erfolgswahrscheinlichkeiten und Kosten der Agenten sind bekannt. Das Arbeitsamt ist risikoneutral, die Vermittlungsagenturen sind dagegen risikoavers. Die Anstrengung der Agenturen ist für das Arbeitsamt nicht beobachtbar oder zumindest sind diese Beobachtungen nicht vertraglich kontrahierbar. Es gibt zwei mögliche Ergebnisse: Die Vermittlung scheitert oder aber gelingt und der Arbeitslose verbleibt noch eine Periode im vermittelten Job.[132] Verliert der Arbeitslose seinen Job vor Ablauf einer Periode, gilt die Vermittlung als gescheitert.

- $G_1$ = Grundhonorarbetrag des Gutscheins bei Beauftragung der Agentur

- $G_3$ = Honorargutschein, wenn der Arbeitslose nach einer Vermittlung den vermittelten Job auch nach einer gewissen Zeit (z.B. nach 6 Monaten) noch hat

---

[131]Damit das Modell lösbar bleibt, wird bei der Varianzberechnung bei der unsicheren Zahlung $G_3$ die Wurzel derselben als Grundlage genommen.

[132]Es gibt also nur Gutscheine mit den Honoraren $G_1$ und $G_3$.

- $D$ = Arbeitslosengeld, das das Arbeitsamt bei gescheiterter Vermittlung weiterzahlen müsste

- $C(e)$ = Suchkosten

- $\bar{U}$ = Reservationsnutzen der Vermittlungsagentur, den sie bei einer Beschäftigung in einem anderen Bereich erzielen könnte

- $e$ = Anstrengungsniveau $e \, \epsilon \, (0, 1)$

- $q(e)$ = Wahrscheinlichkeit, dass bei Anstrengung $e$ die Vermittlung erfolgreich ist; $\frac{\partial q(e)}{\partial e} > 0$

- $p(e)$ = Wahrscheinlichkeit, dass der Arbeitslose den vermittelten Job auch nach einer gewissen Zeit (z.B. nach 6 Monaten) noch hat; $\frac{\partial p(e)}{\partial e} > 0$

- $\pi_V$ = Nutzen der Vermittlungsagentur

- $\pi_{AA}$ = Gewinn des Arbeitsamtes

- $U_A(-G_1, (D-G_3)) = E(-G_1, (D-G_3)) - r \, Var(-G_1, \sqrt{(D - G_3)}) =$ Nutzen des Arbeitsamtes

- $U_V(G_1, G_3) = E(G_1, G_3) - r \, Var(G_1, \sqrt{G_3}) =$ Nutzen der Vermittlungsagentur

$$\text{Grad der Risikoaversion } r \begin{cases} < 0, \text{wenn risikofreudig} \\ = 0, \text{wenn risikoneutral} \\ > 0, \text{wenn risikoavers} \end{cases}$$

**Nutzenkalkül des Arbeitsamts und der Agenturen**

Beim risikoneutralen Arbeitsamt sei $r = 0 \Rightarrow U_A(-G_1, D - G_3) =$

$E(-G_1, D - G_3)$

Bei den risikoaversen Agenturen sei $r = 1 \Rightarrow U_V(G_1, G_3) = E(G_1, G_3) - r\, Var(G_1, \sqrt{G_3})$

Arbeitsamt: $\max_{G_1, G_3} E[\pi_{AA}] = U_A(-G_1, D-G_3) = (D-G_3)p(e) - G_1$

Agentur: $\max_e E[\pi_V] = U_V(G_1, G_3) - C(e) = E(G_1, G_3) - r\, Var(G_1, \sqrt{G_3}) - C(e)$

**Partizipationsbedingung:**$U_V(G_1, G_3) - C(e) \geq \overline{U}$

Sei $p(e) = e$, $C(e) = e^2$ und $\bar{U} = 0$

**Schritt 1: Agentur maximiert Nutzen**

$E[\pi_V] = E(G_1, G_3) - r[p(e)(\sqrt{G_3} + G_1 - E(G_1, G_3))^2 + (1 - p(e))(G_1 - E(G_1, G_3))^2] - e^2$

$\quad = e\, G_3 + G_1 - r[e\,(\sqrt{G_3} + G_1 - e\sqrt{G_3} - G_1)^2 + (1 - e)(e\sqrt{G_3} + G_1 - G_1)^2] - e^2$

$\quad = e\, G_3 + G_1 - r[e\,[(1 - e)\sqrt{G_3}]^2 + (1 - e)[e\sqrt{G_3}]^2] - e^2$

$\quad = e\, G_3 + G_1 - r\, e\,(1 - e)(1 - e + e)G_3 - e^2$

$\quad = e\, G_3 + G_1 - \underbrace{r\, e\,(1 - e)G_3}_{\text{Risikoprämie}} - e^2$

$\frac{\partial E[\pi_V]}{\partial e} = G_3 - r[1 - 2e]G_3 - 2e = 0$

$G_3 - rG_3 = 2e(1 - rG_3)$

$e^* = \frac{(1-r)G_3}{2(1-rG_3)}$

**Schritt 2: Arbeitsamt antizipiert das Kalkül der Agentur**

$e^* = \frac{G_3 - rG_3}{2(1-rG_3)}$

$G_1 = (e^*)^2 + \underbrace{r\,[e^* - (e^*)^2]G_3}_{\text{Risikoprämie}} - e^*G_3$

$G_1 = (e^*)^2[1 - r\, G_3] - e^*[G_3 - r\, G_3]$

$$G_1 = \frac{[G_3 - rG_3]^2 - 2[G_3 - rG_3]^2}{4[1 - rG_3]}$$

$$G_1 = -\frac{[G_3 - rG_3]^2}{4[1 - rG_3]}$$

## Schritt 3: Arbeitsamt maximiert

$$E[\pi_{AA}] = (D - G_3)\, e^* - G_1$$

$$E[\pi_{AA}] = (D - G_3)\, \frac{G_3 - rG_3}{2(1 - rG_3)} + \frac{(G_3 - rG_3)^2}{4(1 - rG_3)}$$

$$E[\pi_{AA}] = \frac{2DG_3 - 2G_3^2 - 2DrG_3 + 2rG_3^2 + G_3^2 - 2rG_3^2 + r^2G_3^2}{4(1 - rG_2)}$$

$$E[\pi_{AA}] = \frac{2DG_3 - G_3^2 - 2DrG_3 + r^2G_3^2}{4(1 - rG_3)}$$

$$\frac{\partial E[\pi_{AA}]}{\partial G_3} = \frac{[2D - 2G_3 - 2Dr + 2r^2G_3][4(1 - rG_3)] - [2DG_3 - G_3^2 - 2DrG_3 + r^2G_3^2][-4r]}{16[1 - rG_3]^2} = 0$$

$$\frac{[2D - 2G_3 - 2Dr + 2r^2G_3 - 2DrG_3 + 2rG_3^2 + 2Dr^2G_3 - 2r^3G_3^2] + [2DrG_3 - rG_3^2 - 2Dr^2G_3 + r^3G_3^2]}{4[1 - rG_3]^2} = 0$$

$$\frac{[2D - 2G_3 - 2Dr + 2r^2G_3 + rG_3^2 - r^3G_3^2]}{4[1 - rG_3]^2} = 0$$

$$\frac{[2D - 2Dr] + [2r^2 - 2]G_3 + [r - r^3]G_3^2}{4[1 - rG_3]^2} = 0$$

$$\frac{\frac{[2D - 2Dr]}{[r - r^3]} - \frac{2G_3}{r} + G_3^2}{4[1 - rG_3]^2} = 0$$

$$\Rightarrow G_3 = \frac{1}{r} - \sqrt{\frac{1}{r^2} - \frac{[2D - 2Dr]}{[r - r^3]}}$$

## Beispiel:

Um das hierbei erzielte Ergebnis zu veranschaulichen, setze ich nun mögliche Zahlen für die Variablen ein. Sei die Risikoaversion der Agenturen $r = 0,5$ und das ersparte Arbeitslosengeld aufgrund einer gelungenen Vermittlung: $D = \frac{9}{8}$

Daraus folgt:

$$\Rightarrow G_3 = \frac{1}{0,5} - \sqrt{\frac{1}{(0,5)^2} - \frac{[2 - 2r]\frac{9}{8}}{[\frac{1}{2} - (\frac{1}{2})^3]}} = 1$$

$$\Rightarrow e^* = \frac{1 - \frac{1}{2}}{2(1 - \frac{1}{2})} = \frac{1}{2}$$

$$\Rightarrow G_1 = -\frac{[G_3 - rG_3]^2}{4[1 - rG_3]} = -\frac{1}{8} = -0,125$$

$$\Rightarrow E[\pi_{AA}] = 0,19$$

$$\Rightarrow E[\pi_V] = eG_3 + G_1 - r[e(1 - e)G_3] - e^2 = \frac{1}{2}1 - \frac{1}{8} - \frac{1}{2}[\frac{1}{2}(1 - \frac{1}{2})1] -$$

$(\frac{1}{2})^2 = 0$

## Vergleich zum Fall ohne Risikoaversion der Agenturen

Bei Risikoneutralität der Agenturen, also $r = 0$, ergeben sich bei $D = \frac{9}{8}$ folgende Werte:

$\Rightarrow G_3 = \frac{9}{8}$, $e^* = \frac{G_3}{2} = \frac{9}{16}$

$\Rightarrow G_1 = \frac{G_3 - 0*G_3)^2}{4(1-0*G_3)} = \frac{(G_3)^2}{4} = \frac{81}{256} = -0,32$

$\Rightarrow E[\pi_{AA}] = (D - G_3)e^* - G_1 = 0,32$

$\Rightarrow E[U_V] = e^* G_3 + G_1 - 0 \cdot Var(G_1, \sqrt{G_3}) - e^2 = \frac{9}{8} \cdot \frac{9}{16} - \frac{81}{256} - \frac{81}{256} = 0$

Somit besteht bei Risikoaversion der Agenturen eine deutliche Verschiebung von $G_3$ und $G_1$ aufeinander zu gegenüber dem Fall von Risikoneutralität.

## Zwischenergebnis

Die Risikoaversion der Agentur führt dazu, dass das Anreizhonorar $G_3$ des Arbeitsamtes von $\frac{9}{8}$ auf 1 reduziert wird. Zusätzlich reduziert sich auch die Grundgebühr von $G_1 = -0,32$ auf $G_1 = -0,125$. Beide Veränderungen reduzieren die Honorardifferenz zwischen gelungener und gescheiterter Vermittlung.

Dadurch reduziert sich aber auch die Anstrengung der Agentur und somit die Wahrscheinlichkeit einer erfolgreichen Vermittlung. Da die Agentur das durch die Anreizlöhne entstandene Risiko negativ bewertet, ist ihr erwarteter Nutzen bei jedem $G_3$ um eine Risikoprämie von $r(1 - e)eG_3$ geringer als der erwartete Gewinn. Da das Arbeitsamt die Agentur auf ihren Reservationsnutzen drückt, muss es der Agentur diese Risikoprämie in Form einer geringeren Grundgebühr erstatten.

Obwohl der Nutzen der Agentur Null bleibt, reduziert sich wegen der geringeren Anstrengung der Agentur und der anfallenden Risikoprämie der Gewinn des Arbeitsamtes um $0,13$. Die Risikoprämie macht davon nur $r(1 - e)eG_3 = 0,125$ aus. Die soziale Wohlfahrt gegenüber dem Fall ohne Risikoaversion sinkt damit in jedem Fall.

Somit besteht hier ein Trade-Off zwischen der Anreizwirkung auf der einen Seite, die zu höherer gewünschter Anstrengung führt, und der Risikoprämie auf der anderen Seite, die umso höher ist, je stärker auf Anreizeffekte gesetzt wird. Das hier gesehene und unter diesen Umständen effiziente Ergebnis ist somit eine geringere Spreizung der Agenturerträge bei erfolgreicher beziehungsweise gescheiterter Vermittlung. So bleibt zumindest ein gewisser Anreizeffekt - wenngleich nicht der ursprünglich optimale - bestehen, aber auch die Risikoprämie ist nicht zu hoch.

### 7.3.2 Modell mit drei möglichen Ergebnissen

Um die Risikoprämie zu reduzieren, könnte das Arbeitsamt zusätzlich zum Honorargutschein bei gänzlich gelungener Vermittlung und der Grundgebühr beim Vermittlungsauftrag einen Honorargutschein für einen Zwischenerfolg einführen. Dieser Zwischenerfolg träte ein, wenn die Vermittlung erfolgreich war, ohne jedoch zu warten, ob der Arbeitslose diesen Job die komplette Periode auch behält. Eine zusätzliche Prämie würde dann gezahlt, wenn der Arbeitslose seinen Job nach der kompletten Periode immer noch innehat. Dies könnte die Varianz der Ergebnisse reduzieren.

Zur Vereinfachung gehe ich hier wieder von beschränkter Haftung der Agenturen aus. Das heißt, dass die Agenturen bei Misserfolg schlimmstenfalls kein Honorar bekommen, aber auch nichts zahlen müssen. Um das Modell aussagekräftig zu halten, benutze ich hier zudem die einfachere Nutzenfunktion $U(x) = E[x^{\frac{1}{r+1}}]$, die jedoch nur für positive $x$ und $r > -1$ definiert ist.

**Annahmen:**

Alle Arbeitslosen und Agenturen sind jeweils gleich. Erfolgswahrscheinlichkeiten und Kosten der Agenten sind bekannt. Das Arbeitsamt ist risikoneutral, die Vermittlungsagenturen sind dagegen risikoavers. Die Anstrengung der Agenturen ist für das Arbeitsamt nicht beobachtbar. Es gibt zwei mögliche Ergebnisse: Die Vermittlung gelingt oder scheitert.

- $G_2$ = Gutschein bei gelungener Vermittlung

- $q(e)$ = Wahrscheinlichkeit, dass bei Anstrengung $e$ die Vermittlung erfolgreich ist $\frac{\partial q(e)}{\partial e} > 0$

- $p(e)$ = Wahrscheinlichkeit, dass der Arbeitslose den vermittelten Job auch nach einer gewissen Zeit (z.B. nach 6 Monaten) noch hat $\frac{\partial p(e)}{\partial e} > 0$

- $r$ = Risikoaversion, risikoaverse Agenturen haben $r = 1$

- $U_V(x) = E[x^{\frac{1}{r+1}}] = E[\sqrt{x}]$ = Nutzenfunktion der Vermittlungsagenturen

- $U_A(x) = E(x)$ = Nutzenfunktion des Arbeitsamtes

**Nutzenkalkül des Arbeitsamts und der Agenturen**

Arbeitsamt : $\max_{G_1,G_2,G_3} E[\pi_{AA}] = (D_3-G_3)p(e)+(D_2-G_2)\,q(e)-G_1$

Agentur : $\max_e E[\pi_V] = \sqrt{G_1} + q(e)\sqrt{G_2} + p(e)\sqrt{G_3} - C(e)$

**Partizipationsbedingung:** $\sqrt{G_1}+q(e)\sqrt{G_2}+p(e)\sqrt{G_3}-C(e) \geq 0$

**Haftungsbeschränkung:** $G_1 \geq 0$

Sei $q(e) = e$, $p(e) = \frac{e}{2}$, $C(e) = e^2$, $\overline{U} = 0$

Da $G_1$ keinen Anreiz beinhaltet und $\overline{U} = 0$ ist, würde das Arbeitsamt kein positives Honorar zahlen. Somit bindet die Nebenbedingung, und $G_1 = 0$.

### Schritt 1: Agentur maximiert Nutzen

$$E[\pi_V] = e\sqrt{G_2} + \frac{e}{2}\sqrt{G_3} + 0 - e^2$$
$$\frac{\partial E[\pi_V]}{\partial e} = \sqrt{G_2} + \frac{1}{2}\sqrt{G_3} - 2e = 0$$
$$e^* = \frac{\sqrt{G_3} + 2\sqrt{G_2}}{4}$$

### Schritt 2: Arbeitsamt antizipiert das Kalkül der Agentur und maximiert

$$E[\pi_{AA}] = (D_3 - G_3)\frac{\sqrt{G_3} + 2\sqrt{G_2}}{8} + (D_2 - G_2)\frac{\sqrt{G_3} + 2\sqrt{G_2}}{4} - 0$$

### Maximierung nach $G_3$

$$\frac{\partial}{\partial G_3}E[\pi_{AA}] = \frac{D_3}{16\sqrt{G_3}} - \frac{3\sqrt{G_3}}{16} - \frac{\sqrt{G_2}}{4} + \frac{D_2 - G_2}{8\sqrt{G_3}} = 0$$

**Die Lösungen für $\sqrt{G_2}$ sind:**

$$\left\{ \sqrt{G_2} = -\sqrt{G_3} + \frac{1}{2}\sqrt{\left(-2\sqrt{G_3}^2 + 2D_3 + 4D_2\right)} \right\},$$

$$\left\{ \sqrt{G_2} = -\sqrt{G_3} - \frac{1}{2}\sqrt{\left(-2\sqrt{G_3}^2 + 2D_3 + 4D_2\right)} \right\}$$

Jedoch ist nur $\sqrt{G_2} = -\sqrt{G_3} + \frac{1}{2}\sqrt{\left(-2\sqrt{G_3}^2 + 2D_3 + 4D_2\right)}$ möglich, da $G_2 \geq 0$ sein muss.[133]

### Maximierung nach $G_2$

---

[133]Eine negative Wurzel würde zu einer komplexen Zahl führen, was keine sinnvolle Lösung für ein Vermittlungshonorar wäre.

$$\frac{\partial}{\partial G_2}E[\pi_V] = \frac{D_3 - G_3}{8\sqrt{G_2}} - \frac{3\sqrt{G_2}}{4} - \frac{\sqrt{G_3}}{4} + \frac{D_2}{4\sqrt{G_2}} = 0$$

$$\Leftrightarrow D_3 - G_3 - 6G_2 - 2\sqrt{G_2}\sqrt{G_3} + 2D_2 = 0$$

**Einsetzen von $\sqrt{G_2}$ in die Gleichung:**

$$D_3 - G_3 - 6(-\sqrt{G_3} + \tfrac{1}{2}\sqrt{\left(-2\sqrt{G_3}^2 + 2D_3 + 4D_2\right)})^2$$

$$-2G_3(-G_3 + \tfrac{1}{2}\sqrt{\left(-2\sqrt{G_3}^2 + 2D_3 + 4D_2\right)}) + 2D_2 = 0$$

**Lösungen für $\sqrt{G_3}$ sind :**

$$(1)\ \left\{\sqrt{G_3} = \tfrac{1}{3}\sqrt{(6D_3 + 12D_2)}\right\},(2)\left\{\sqrt{G_3} = -\tfrac{1}{3}\sqrt{(6D_3 + 12D_2)}\right\},$$

$$(3)\left\{\sqrt{G_3} = \tfrac{1}{3}\sqrt{(D_3 + 2D_2)}\right\},\quad (4)\left\{\sqrt{G_3} = -\tfrac{1}{3}\sqrt{(D_3 + 2D_2)}\right\}$$

(2) und (4) sind nicht möglich, da $\sqrt{G_3} \geq 0$ sein muss.
Somit verbleiben (1) und (3) als mögliche Lösungen. Wenn man nun (1) in die Lösung für $\sqrt{G_2}$ einsetzt, ergibt sich:

$$\sqrt{G_2} = -\sqrt{G_3} + \tfrac{1}{2}\sqrt{\left(-2\sqrt{G_3}^2 + 2D_3 + 4D_2\right)}$$

$$= -\tfrac{1}{3}\sqrt{(6D_3 + 12D_2)} + \tfrac{1}{2}\sqrt{\left(-2(\tfrac{1}{3}\sqrt{(6D_3 + 12D_2)})^2 + 2D_3 + 4D_2\right)}$$

$$= -\tfrac{1}{3}\sqrt{(6D_3 + 12D_2)} + \tfrac{1}{2}\sqrt{\left(-\tfrac{2}{9}(6D_3 + 12D_2) + 2D_3 + 4D_2\right)}$$

$$= -\tfrac{1}{3}\sqrt{(6D_3 + 12D_2)} + \tfrac{1}{2}\sqrt{\tfrac{1}{9}(6D_3 + 12D_2)}$$

$$= -\tfrac{1}{6}\sqrt{(6D_3 + 12D_2)}$$

$\Rightarrow$ Dies ist jedoch ebenfalls nicht möglich, da $\sqrt{G_2} \geq 0$ sein muss.
Somit ist auch (1) kein gültiges Ergebnis.

Somit bleibt nur (3): $\sqrt{G_3} = \tfrac{1}{3}\sqrt{(D_3 + 2D_2)}$ als Lösung.

Nach Einsetzen in $\sqrt{G_2}$ erhält man:

$$\sqrt{G_2} = -\tfrac{1}{3}\sqrt{(D_3 + 2D_2)} + \tfrac{1}{2}\sqrt{\left(-2(\tfrac{1}{3}\sqrt{(D_3 + 2D_2)})^2 + 2D_3 + 4D_2\right)}$$

$$= -\tfrac{1}{3}\sqrt{(D_3 + 2D_2)} + \tfrac{1}{2}\sqrt{\tfrac{16}{9}(D_3 + 2D_2)}$$

$$= \tfrac{1}{3}\sqrt{(D_3 + 2D_2)} = \sqrt{G_3}$$

Somit sind bei der optimalen Lösung $G_2$ und $G_3$ gleich.

## Beispiel:

Es wurde davon ausgegangen, dass der Teilerfolg einer teilweise gelungenen Vermittlung genau mit der doppelten Wahrscheinlichkeit eintritt wie eine gänzlich gelungene Vermittlung, bei der der Arbeitslose seinen Job auch noch eine längere Zeit behält. Im Folgenden gehe ich davon aus, dass das Arbeitsamt diesem Teilerfolg genau die Hälfte der ersparten Kosten zurechnet wie einer gänzlich gelungenen Vermittlung, bei der der Arbeitslose seinen Job auch noch nach einer gewissen Zeit hat.[134] Das Arbeitsamt hätte somit bei einem Teilerfolg nur die Hälfte der Ersparnis, die es bei einer gänzlich gelungenen Vermittlung hätte.

Sei hier:

$D_3 = 8 =$ Arbeitsamtsersparnis bei einer **gänzlich** gelungenen Vermittlung

$D_2 = 4 =$ Arbeitsamtsersparnis bei einer **teilweise** gelungenen Vermittlung

$\Rightarrow G_3 = G_2 = (\tfrac{1}{3}\sqrt{(D_3 + 2D_2)})^2 = \tfrac{16}{9}$

$\Rightarrow e^* = 1$

$\Rightarrow E[\pi_V] = e^*\sqrt{G_2} + \tfrac{e^*}{2}\sqrt{G_3} - (e^*)^2 = 1 \cdot \tfrac{4}{3} + \tfrac{1}{2}\tfrac{4}{3} - 1 = 1$

$\Rightarrow E[\pi_{AA}] = (D_3 - G_3)\tfrac{e^*}{2} + (D_2 - G_2)e^* = (\tfrac{72}{9} - \tfrac{16}{9})\tfrac{1}{2} + (\tfrac{36}{9} - \tfrac{16}{9}) = 5\tfrac{1}{3}$

---

[134]Diese Annahme ist bei geeigneter Wahl von $\beta$ und $W_{ij}$ möglich.

### 7.3.3  Abwandlung: Modell ohne Gutscheine für teilweise gelungene Vermittlung

Um einen möglichen Effizienzgewinn der Gutscheine mit Honoraren bei Teilerfolg zu überprüfen, wird nun das Modell insoweit abgeändert, dass die Vermittlungsagenturen bei Teilerfolg keine Prämie bekommen. Somit existiert nur das Honorar bei **gänzlich** gelungener Vermittlung $G_3$ und die Grundgebühr $G_1$ bei Übernahme des Vermittlungsauftrages. Das Arbeitsamt aber profitiert jedoch weiterhin sowohl von einem Teilerfolg mit der Ersparnis $D_2$ als auch mit der Ersparnis $D_3$ bei einer gänzlich gelungenen Vermittlung.

**Annahmen:   Nutzenkalkül des Arbeitsamts und der Agenturen**

Arbeitsamt: $\max_{G_1,G_3} E[\pi_{AA}] = (D_3 - G_3)p(e) + D_2 q(e) - G_1$
Agentur    : $\max_e E[\pi_V] = \sqrt{G_1} + p(e)\sqrt{G_3} - C(e)$

**Partizipationsbedingung:** $\sqrt{G_1} + p(e)\sqrt{G_3} - C(e) \geq 0$
**Haftungsbeschränkung:** $G_1 \geq 0$

$\Rightarrow$ Wie oben erläutert, bindet nur die Haftungsbeschränkung, somit $G_1 = 0$.
Sei $q(e) = e$, $p(e) = \frac{e}{2}$, $C(e) = e^2$

**Schritt 1: Agentur maximiert Nutzen**
$E[\pi_V] = \frac{e}{2}\sqrt{G_3} + 0 - e^2$
$\frac{\partial E[\pi_V]}{\partial e} = \frac{1}{2}\sqrt{G_3} - 2e = 0$
$e^* = \frac{\sqrt{G_3}}{4}$

**Schritt 2: Arbeitsamt antizipiert Kalkül der Agentur und maximiert**

$$E[\pi_V] = (D_3 - G_3)\frac{\sqrt{G_3}}{8} + (D_2)\frac{\sqrt{G_3}}{4} - 0$$
$$\frac{\partial}{\partial G_3}E[\pi_V] = \frac{D_3}{16\sqrt{G_3}} - \frac{3\sqrt{G_3}}{16} + \frac{D_2}{8\sqrt{G_3}} = 0$$
$$\Longleftrightarrow D_3 - 3G_3 + 2D_2 = 0$$
$$\Rightarrow G_3 = \frac{2D_2 + D_3}{3}$$

**Beispiel**

Wenn ich nun die bekannten Beispielzahlen $D_3 = 8$ und $D_2 = 4$ einsetze, ergibt sich:

$\Rightarrow G_3 = \frac{16}{3} > \frac{16}{9}$(aus dem vorangegangenen Modell mit Honoraren für Zwischenergebnisse)

$$e^* = \sqrt{\frac{1}{3}} = 0,58 < 1$$
$$\Rightarrow E[\pi_V] = \frac{e^*}{2}\sqrt{G_3} - (e^*)^2 = \frac{1}{3} < 1$$
$$\Rightarrow E[\pi_{AA}] = (D_3 - G_3)\frac{e^*}{2} + D_2 e^* = 3,1 < 5\frac{1}{3}$$

**Zwischenergebnis**

Das Beispiel zeigt deutlich, dass Gutscheine für Zwischenergebnisse den Gewinn sowohl für das Arbeitsamt als auch für die Vermittlungsagenturen steigern. Denn durch diese Prämien für Teilerfolge sinkt die Varianz des erwarteten Ergebnisses für die Vermittlungsagenturen. Dadurch muss das Arbeitsamt eine geringere Risikoprämie zahlen und hat somit auch ein größeres Interesse, höhere Anreize für eine stärkere Anstrengung der Vermittlungsagenturen zu setzen. Wenn bereits Zwischenprämien gezahlt wurden (hier im Wert von $G_2 = \frac{16}{9}$), dann muss das Arbeitsamt auch nicht mehr eine zwar ausschließliche, aber sehr hohe Prämie (hier im Wert von $G_3 = \frac{16}{3}$) für die gänzlich gelungene Vermittlung zahlen. Denn wenn bereits Zwischenprämien existieren, langt eine geringere weitere Aufstockung für die gänzlich gelungene Vermittlung (hier: $G_3 = \frac{16}{9}$), um die nötigen Anreize zu setzen.

Indem die erwarteten Gewinne sowohl des Arbeitsamtes als auch der Agenturen durch die Einführung von Prämien für Zwischenergebnisse steigen, steigt auch die soziale Wohlfahrt.

Nach Beobachtung dieses Effektes wäre es eventuell noch effizienter, wenn noch mehr Zwischenprämien für weitere Teilerfolge eingeführt würden. Jedoch muss hier beachtet werden, dass die Einführung weiterer solcher Prämien in diesem Modell vernachlässigte Verwaltungskosten pro Einführung einer Prämie verursachen. Insofern ist es so lange sinnvoll, weitere Zwischenprämien einzuführen, bis die Verwaltungskosten für eine weitere Zwischenprämie den zusätzlichen Gewinn einer weiteren Prämie gerade übersteigen. Auf diese Art kann die effiziente Anzahl von Prämien für verschiedene Teilerfolge festgelegt werden.

## 7.4 Modell mit verschiedenen Produktivitäten der Arbeitslosen

Bei den bisherigen Modellen bestand die Annahme, dass alle Arbeitslose gleich sind. Wahrscheinlicher ist jedoch, dass einige Arbeitslose deutlich einfacher vermittelt werden können als andere. Dies hängt sicher von vielen Faktoren wie Alter, Geschlecht, Motivation, Qualifikation, Berufserfahrung und anderem ab. Im folgenden gehe ich jedoch modellhaft vereinfacht davon aus, dass ausschließlich die Produktivität[135] eines Arbeitslosen das entscheidende Kriterium für die Schwere der Vermittlung sei, wobei Arbeitslose mit höherer Produktivität leichter zu vermitteln wären. Diese Produktivität ist aber den Vermittlungsagenturen nicht bekannt. Auch das Arbeitsamt kennt zwar eventuell die Arbeitslosen besser als die Agenturen, hat jedoch auch keine genaue Kenntnis der Produktivitäten. Von beiden kann jedoch beobachtet werden, wie lange die zu Vermittelnden bereits arbeitslos sind. Daraus könnten Rückschlüsse

---

[135]Die Produktivität beinhaltet jedoch auch teilweise Faktoren wie Berufserfahrung, Alter oder Qualifikation.

auf die Produktivität der Arbeitslosen gezogen werden. Somit wäre die Arbeitslosigkeitsdauer ein Signal für die Produktivität, das von Arbeitsamt und Agenturen benutzt wird.

Wenn ein Arbeitsloser schwerer zu vermitteln ist, heißt das für die Agentur, dass entweder bei gleicher Anstrengung der Agentur die Wahrscheinlichkeit, ihn erfolgreich vermitteln zu können, geringer ist, oder aber dass, um gleiche Vermittlungswahrscheinlichkeit zu erreichen, höhere Vermittlungskosten anfallen. In diesem Modell gehe ich von letzterem aus. Die gleichen Anstrengungen einer Agentur führen bei allen Arbeitslosen zu einer gleichen Vermittlungswahrscheinlichkeit. Jedoch unterteile ich in zwei Gruppen von Arbeitslosen mit jeweils verschiedenen Produktivitäten, wobei die Gruppe der wenig Produktiven höhere Vermittlungskosten verursacht.

Nun hätten die Agenturen den Anreiz, sich nur diejenigen Arbeitslosen herauszusuchen, bei denen sie geringere Vermittlungskosten erwarten, und das wären die erst kurze Zeit Arbeitslosen. Die Langzeitarbeitslosen würde somit keiner mehr vermitteln wollen. Um einen solchen Creaming-Effekt zu verhindern, führte die BA bei ihrem neuen Gutscheinsystem mehrere verschiedene Honorarhöhen - gemessen an der bisherigen Arbeitslosigkeitsdauer des zu vermittelnden Arbeitslosen - ein. Um zu untersuchen, wie solche Honorare aussehen sollten, gehe ich im folgenden Modell von zwei unterschiedlichen Honoraren aus.

**Annahmen**

Das Arbeitsamt und alle Agenturen seien risikoneutral. Die Anstrengungen seien unbeobachtbar, aber die Kosten und Erfolgswahrscheinlichkeiten der Agenturen bekannt. Es gibt nur zwei mögliche Ergebnisse: Die Vermittlung scheitert oder sie gelingt gänzlich und der Arbeitslose behält seinen Job noch mindestens eine Peri-

ode. Verliert er ihn früher, gilt die Vermittlung als gescheitert. Es
gebe Arbeitslose mit hoher und solche mit niedriger Produktivität. Das Arbeitsamt zahlt einen Gutschein $G_2^H$ für die Vermittlung
eines produktiven Arbeitslosen und $G_2^N$ für einen weniger produktiven. Das Arbeitsamt darf eine Grundgebühr von $G_1$ verlangen.
Bei der Vermittlung eines produktiven Arbeitslosen fallen Kosten
von $C_H(e)$ und bei der Vermittlung eines weniger produktiven Arbeitslosen fallen Kosten von $C_N(e)$ bei den Vermittlungsagenturen an. Zudem erweitere ich mein Konzept von der Ersparnis des
Arbeitsamtes, indem ich zwischen zwei verschiedenen Ersparnissen
$D^H$ und $D^N$ bei produktiven und weniger produktiven Arbeitslosen
unterscheide. Als weitere Komponente führe ich ein, dass $D$ auch
von der Wahrscheinlichkeit abhängig ist, dass sich ein Arbeitsloser
selbstständig einen neuen Job sucht. Da diese Wahrscheinlichkeit
bei weniger produktiven Arbeitslosen geringer ist, wäre somit die
Ersparnis des Arbeitsamtes bei einer erfolgreichen Vermittlung eines unproduktiven höher als bei einem produktiven Arbeitslosen.

Die Wahrscheinlichkeit, eine hohe Produktivität zu haben, sei bei
einem Arbeitslosen

$$\begin{cases} r, & \text{wenn er länger als 6 Monate arbeitslos ist} \\ q, & \text{wenn er kürzer als 6 Monate arbeitslos ist} \end{cases} \quad q > r^{136}$$

**Nutzenkalkül**

Arbeitsamt : $\max_{G_1, G_2} E[\pi_{AA}] = (D - G_2)\, p(e) - G_1$

Agentur : $\max_e E\,[\pi_V] = p(e)G_2 + G_1 - C(e)$

**Partizipationsbedingung:** $p(e)G_2 + G_1 - C(e) \geq \bar{U}$

---

[136]Somit kann es also auch passieren, dass ein als produktiv eingeschätzter Arbeitsloser in
Wirklichkeit unproduktiv ist.

## 7.4.1 Vermittlung eines kürzer als 6 Monate Arbeitslosen

Sei $C_H(e) = e^2, C_N(e) = 2e^2, p(e) = e; \bar{U} = 0$

### Schritt 1: Agentur maximiert

$E[\pi_V] = p(e)G_2^H + G_1^H - qC_H(e) - (1-q)C_N = e\,G_2^H + G_1^H - qe^2 - (1-q)2e^2$

$\frac{\partial E[\pi_V]}{\partial e} = G_2^H - 2q\,e - (4e - 4qe) = G_2^H + 2q\,e - 4e$

$e^* = \frac{G_2^H}{2q-4}$

### Schritt 2: Arbeitsamt antizipiert das Kalkül der Agentur und maximiert

$e^* = \frac{G_2^H}{2q-4}$

$G_1 = (\frac{G_2^H}{2q-4})^2 - G_2^H(\frac{G_2^H}{2q-4}) =$

$E[\pi_{AA}] = (D^H - G_2^H)\frac{G_2^H}{2q-4} + G_2^H(\frac{G_2^H}{2q-4}) - (\frac{G_2^H}{2q-4})^2 = D^H\frac{G_2^H}{2q-4} - (\frac{G_2^H}{2q-4})^2$

$\frac{\partial E[\pi_{AA}]}{\partial G_2^H} = \frac{D^H}{2q-4} - \frac{G_2^H}{2q-4} = 0$

$G_2^H = D^H$

$G_1^H = \frac{(G_2^H)^2}{(2q-4)^2}(5-2q)$

$E[\pi_{AA}] = [D^H - D^H]\frac{D^H}{2q-4} + \frac{(G_2^H)^2}{(2q-4)^2}(5-2q) = \frac{(G_2^H)^2}{(2q-4)^2}(5-2q)$

$E[\pi_V] = D^H\frac{D^H}{2q-4} - \frac{(G_2^H)^2}{(2q-4)^2}(5-2q) - (\frac{G_2^H}{2q-4})^2 = 0$

## 7.4.2 Vermittlung eines länger als 6 Monate Arbeitslosen

Analog:

$G_2^N = D^N > G_2^H$, da $D^N > D^H$

$G_1^N = \frac{(G_2^N)^2}{(2r-4)^2}(5-2r) > G_1^H$, da $G_2^N > G_2^H$ und $q > r$

$E[\pi_{AA}] = [D^N - D^N]\frac{D^N}{2r-4} + \frac{(G_2^N)^2}{(2r-4)^2}(5-2r) = \frac{(G_2^N)^2}{(2r-4)^2}(5-2r)$

$E[\pi_V] = D^N\frac{D^N}{2r-4} - \frac{(G_2^N)^2}{(2r-4)^2}(5-2r) - (\frac{G_2^N}{2r-4})^2 = 0$

### 7.4.3  Zwischenergebnis

Wenn Arbeitsamt und Agenturen beide nur begrenzte Informationen über die Produktivität der Arbeitslosen haben, ist es am effizientesten, wenn das Arbeitsamt den Agenturen verschiedene Verträge je nach Arbeitslosentyp anbietet. Diese könnten sich nach externen Kriterien, wie der Länge der bisherigen Arbeitslosigkeit richten. Wie aus dem Modell ersichtlich, sollte das Honorar für die Vermittlung der Langzeitarbeitslosen $G_2^H$ größer sein als das bei den Kurzzeitarbeitslosen $G_2^N$. Die optimale Grundgebühren berechnen sich aus der Höhe der Arbeitsamtsersparnis und den Wahrscheinlichkeiten $q$ und $r$. Die Grundgebühr bei den Langzeitarbeitslosen ist geringer als bei den Kurzzeitarbeitslosen.

Wenn zum Beispiel die Vermittlungskosten für weniger Produktive deutlich höher sind, sollte das Arbeitsamt hier den Agenturen für die Vermittlung von Langzeitarbeitslosen, die auf geringere Produktivität schließen lassen, einerseits eine geringere Grundgebühr abverlangen. Wie aus dem Modell auch zu sehen ist, sollte das Arbeitsamt außerdem bei Langzeitarbeitslosen eine höhere leistungsabhängige Zahlung $G_2$ leisten, falls die Vermittlung von Langzeitarbeitslosen dem Arbeitsamt eine höhere Ersparnis $D$ bereitet. Denn Ziel sollte es sein, dass der erwartete Gewinn der Agenturen bei einem Langzeitarbeitslosen genauso hoch ist wie bei einem kurzzeitig Arbeitslosen. Denn nur so kann gewährleistet werde, dass sich die Agenturen nicht, wie im Kapitel über Creaming-Effekte beschrieben, die profitableren herauspicken und andere Arbeitslose gar nicht vermitteln wollen.

Zwar wäre es aufgrund der Kosten für das Arbeitsamt auf den ersten Blick profitabler, vorrangig die Kurzzeitarbeitslosen zu vermitteln, da diese weniger Vermittlungskosten verursachen. Jedoch ist es in diesem Modell auch für das Arbeitsamt profitabel, die Lang-

zeitarbeitslosen zu vermitteln, da diese zwar eine geringere Grundgebühr einbringen, aber eine Vermittlung für das Arbeitsamt immer noch billiger ist als die Zahlung des Arbeitslosengeldes. Zudem
werden sich Langzeitarbeitslose aufgrund der hohen Vermittlungskosten kaum selbst auf eigene Faust eine neue Stelle suchen, was bei
Kurzzeitarbeitslosen eher zu erwarten ist, und somit bedeutet ihre
Vermittlung eine größere Ersparnis für das Arbeitsamt. Allerdings
ist es für das Arbeitsamt allemal profitabler, wenn es Kurzzeit-
arbeitslose erfolgreich vermitteln lässt, als wenn diese Kurzzeitarbeitslosen zu Langzeitarbeitslosen werden.[137]

Zudem könnte es sowohl für die Agenturen als auch für das Arbeitsamt gewinnbringend sein, noch mehr zu investieren, um mehr
über die Produktivität eines Arbeitslosen zu erfahren. Die Agentur hätte dann mehr Sicherheit über die Vermittlungskosten und
könnte eine Vorauswahl vornehmen. Das Arbeitsamt könnte darauf reagieren und selbst weitere Informationen gewinnen, damit die
Agenturen nicht diesen Informationsvorsprung zu Ungunsten des
Arbeitsamtes ausnutzen und einige Arbeitslose gar nicht mehr vermitteln wollen. Vorstellbar ist jedoch auch, dass die Kosten für diese Informationsgewinnung so hoch sind, dass sie nicht durch einen
höheren Gewinn durch die bessere Kenntnisse der Vermittlungskosten amortisiert werden. Dann würde ein Gleichgewicht bestehen,
bei dem beide Seiten nur die Länge der Arbeitslosigkeit als Signal
nehmen, wie es in dem Modell beschrieben wurde.

Problematisch ist allerdings, dass natürlich neben dem Signal
der Dauer der Arbeitslosigkeit auch andere Signale für die Produktivität wie Qualifikation, Alter und Geschlecht von den Agenturen
wahrgenommen werden und für einen effizienten Vertrag vom Ar-

---

[137]Die letzte Problematik sei hier nur am Rande erwähnt und ist nicht in das Modell
eingearbeitet, da dieses nicht die Transformation eines Kurzzeitarbeitslosen in einen Langzeitarbeitslosen miteinbezieht.

beitsamt antizipiert werden müssten. Die Regelung eines festgelegten Arbeitslosigkeitszeitraumes bei der Erwartung der Produktivität ist insofern nicht ganz realistisch. Denn in diesem Fall würden die Agenturen bei einem 6 Monate Arbeitslosen die gleiche Produktivität wie bei einem 18 Monate Arbeitslosen erwarten, jedoch bei einem 5 Monate Arbeitslosen eine deutlich geringere Arbeitslosigkeit als bei einem 6 Monate Arbeitslosen erwarten. Realistischer ist jedoch, dass die Erwartung der Agentur sich enger an der Arbeitslosigkeitsdauer orientiert und sich die Agenturen also tendenziell wieder die seit 6 Monaten oder einem Monat Arbeitslosen rauspicken, statt die seit 5 Monaten oder 18 Monaten Arbeitslosen. Zudem bestünde ein Anreiz, den 5 Monate Arbeitslosen zu empfehlen, sie sollten erst noch einmal einen Monat in der Arbeitslosigkeit warten, da es sich dann für die Agenturen mehr lohnt.

## 7.5   Beauftragung mehrerer Agenturen gleichzeitig

Bei dem von der Regierung umgesetzten Gutscheinmodell ist es möglich, dass der Arbeitslose mehrere Agenturen gleichzeitig mit seiner Vermittlung beauftragt. Sollte nun mehr als eine dieser Agenturen ihm ein annehmbares Angebot machen, dann kann der Arbeitslose sich für eines dieser Angebote entscheiden und die anderen ablehnen. Dies führt dazu, dass eine Agentur, die Vermittlungskosten hatte und erfolgreich einen Arbeitsplatz vermitteln konnte, trotzdem kein Honorar bekommt und der gefundene Arbeitsplatz nicht besetzt wird. Die Agentur wird dies in Zukunft antizipieren und könnte dementsprechend höhere Honorare verlangen beziehungsweise mit geringeren Anstrengungen auf ein gegebenes Honorar reagieren .

Zu analysieren bleibt deshalb, ob die Effizienz sinkt, wenn Arbeitslose mehrere Agenturen gleichzeitig beauftragen können. Dazu untersuche ich, wie es sich auf die Höhe der Anstrengungen, den Gewinn von Arbeitsamt und Agenturen und auf die soziale Wohlfahrt auswirkt, wenn alle Arbeitslosen grundsätzlich immer zwei Agenturen beschäftigen.

### 7.5.1 Annahmen

Ich gehe davon aus, dass alle Arbeitslosen und Agenturen jeweils gleich sind. Die Anstrengung der Agenturen sind nicht beobachtbar, jedoch sind die Eigenschaften der Agenturen bekannt. Agenturen und Arbeitsamt sind risikoneutral. Alle Arbeitslosen beauftragen immer parallel zwei Agenturen, und die Agenturen wissen dies. Wenn nur eine Agentur erfolgreich ist, akzeptiert der Arbeitslose deren Angebot, und die Agentur bekommt das Honorar. Sollten beide Agenturen erfolgreich sein, wählt der Arbeitslose mit jeweils 50% Wahrscheinlichkeit eines der beiden Angebote aus und diese Agentur bekommt das Honorar. Die andere Agentur bekommt, trotz erfolgreichem Angebot, kein Honorar. Damit das Modell mathematisch lösbar bleibt, gehe ich von einer Haftungsbeschränkung aus und schließen somit eine negative Grundgebühr der Agenturen aus. Somit bleibt nur ein Honorar $G_3$, das - bei erfolgreicher Vermittlung und Angebotsannahme durch den Arbeitslosen - gezahlt wird. Der Arbeitslose kann das Vermittlungshonorar weder erhöhen noch reduzieren.

### 7.5.2 Modell

**Nutzenkalküle:**

Arbeitsamt[138]: $E[\pi_{AA}] = (D - G_3)[1 - (1 - p(e))^2] = (D - G_3)[1 - (1 - e)^2]$

---

[138]Die Wahrscheinlichkeit, dass mindestens eine der beiden Agenturen Erfolg hat, ist $[1 - (1 - e)^2]$

Agenturen[139]: $E[\pi_V] = [(1 - p(e))p(e) + \frac{1}{2}p(e)^2]G_3 - e^2 = [(1 - e)e + \frac{1}{2}e^2]G_3 - e^2$

Sei $p(e) = e$, $C(e) = e^2$ und $\overline{U} = 0$.

## Maximierungskalkül der Agentur:

$$E[\pi_V] = [(1 - e)e + \frac{1}{2}e^2]G_3 - e^2$$

$$\frac{dE[\pi_V]}{de} = [1 - 2e + e]G_3 - 2e = 0$$

$$e^* = \frac{G_3}{G_3 + 2}$$

## Maximierungskalkül des Arbeitsamtes $\quad E[\pi_{AA}] = (D - G_3)[1 - (1 - e)^2]$

$$E[\pi_{AA}] = (D - G_3)[2e - e^2]$$

$$E[\pi_{AA}] = (D - G_3)[2\frac{G_3}{G_3 + 2} - (\frac{G_3}{G_3 + 2})^2]$$

$$\frac{dE[\pi_{AA}]}{dG_3} = \left[-G_3\frac{G_3 + 4}{(G_3 + 2)^2}\right] + \frac{8}{(G_3 + 2)^3}D - \frac{8}{(G_3 + 2)^3}G_3 = 0$$

$$\left[-G_3\frac{G_3 + 4}{1}(G_3 + 2)\right] + 8D - 8G_3 = 0$$

$$\Longrightarrow G_3 = \frac{1}{3}\sqrt[3]{\left(216 + 108D + 12\sqrt{(336 + 324D + 81D^2)}\right)}$$

$$- \frac{4}{\sqrt[3]{\left(216 + 108D + 12\sqrt{(336 + 324D + 81D^2)}\right)}} - 2$$

## Lösung bei der Beauftragung nur einer Agentur

Um die Veränderung zu betrachten, wenn statt einer nun zwei Agenturen gleichzeitig beauftragt werden, vergleiche ich die sich aus den beiden Konstellationen ergebenden Ergebnisse miteinander. Dazu nutze ich die aus Kapitel 7.2.3 bekannten Ergebnisse für den Fall, dass der Arbeitslose nur eine Agentur beauftragen darf. Dort hatten sich folgende Ergebnisse für $G_3$ und $e^*$ ergeben:

$$G_3 = \frac{D}{2} \qquad \text{(siehe Kapitel 7.2.3)}$$

$$e^* = \frac{G_3}{2} = \frac{D}{4} \quad \text{(siehe Kapitel 7.2.3)}$$

---

[139]Die Agentur bekommt ein Honorar, wenn nur sie einen Vermittlungserfolg hat [Wahrscheinlichkeit: $(1 - e)e$], oder wenn sie zufällig ausgewählt wird in dem Fall, dass beide einen Vermittlungserfolg haben [Wahrscheinlichkeit: $\frac{1}{2}e^2$].

## Beispiel

Da die Formeln für $G_3$ und $e$ bei der Beauftragung von zwei Agenturen sehr komplex sind, lässt sich das Ergebnis am besten anhand eines Beispiels verdeutlichen. Dazu wähle ich im folgenden $D = 1$ und $D = 3$.

### Beispiel 1: $D = 3$

**Beauftragung nur einer Agentur („Ein-Agentur-Modell")**

$G_3 = \frac{D}{2} = \frac{3}{2}$ und $e^* = \frac{D}{4} = \frac{3}{4}$

$E[\pi_{AA}] = [D - G_3]e^* = [3 - \frac{3}{2}]\frac{3}{4} = \frac{9}{8} = 1,25$

$E[\pi_V] = e^* G_3 - e^* = [\frac{3}{4}\frac{3}{2} - \frac{9}{16}] = \frac{9}{16} = 0,56$

**Beauftragung von zwei Agenturen („Zwei-Agenturen-Modell")**

$G_3 = 1,03$, $e^* = \frac{G_3}{G_3+2} = 0,34$

Wahrscheinlichkeit mindestens einer erfolgreichen Vermittlung $=$
$1 - (1 - e)^2 = 0,56$

$E[\pi_{AA}] = (D-G_3)[2e^* - (e^*)^2] = (D-G_3)[2\frac{G_3}{G_3+2} - (\frac{G_3}{G_3+2})^2] = 1,11$

$E[\pi_V] = [e^* - \frac{1}{2}(e^*)^2]G_3 - (e^*)^2 = 0,18$

Damit wäre der Gewinn des Arbeitsamtes höher, wenn der Arbeitslose nur eine Agentur beauftragen dürfte. Auch der Gewinn der Agentur bei nur einer Beauftragung wäre höher als der erwartete Gewinn der beiden beauftragten Agenturen im anderen Modell zusammen. Somit wäre auch die soziale Wohlfahrt im Modell mit nur einer beauftragten Agentur höher. Zudem ist auch die Wahrscheinlichkeit einer erfolgreichen Vermittlung mit $e^* = \frac{3}{4}$ höher als bei zwei beauftragten Agenturen mit $0,56$.

### Beispiel 2: $D = 1$

**Beauftragung nur einer Agentur („Ein-Agentur-Modell")**

$G_3 = \frac{D}{2} = \frac{1}{2}$ und $e^* = \frac{D}{4} = \frac{1}{4}$

$E[\pi_{AA}] = [D - G_3]e^* = [1 - \frac{1}{2}]\frac{1}{4} = \frac{1}{8} = 0,125$

$E[\pi_V] = e^*G_3 - e^* = [\frac{1}{4}\frac{1}{2} - \frac{1}{16}] = \frac{1}{16} = 0,056$

**Beauftragung von zwei Agenturen („Zwei-Agenturen-Modell")**

$G_3 = 0,43$, $e^* = \frac{G_3}{G_3+2} = 0,18$

Wahrscheinlichkeit mindestens einer erfolgreichen Vermittlung =

$1 - (1 - e)^2 = 0,32$

$E[\pi_{AA}] = (D-G_3)[2e^* - (e^*)^2] = (D-G_3)[2\frac{G_3}{G_3+2} - (\frac{G_3}{G_3+2})^2] = 1,18$

$E[\pi_V] = [e - \frac{1}{2}e^2]G_3 - e^2 = 0,038$

Bei der Wahl eines geringeren $D$ verkehrt sich somit das Ergebnis in das komplette Gegenteil. Hier wäre der Gewinn des Arbeitsamtes höher, wenn der Arbeitslose immer zwei Agenturen beauftragen würde. Auch der Gewinn der beiden beauftragten Agenturen zusammen wäre höher als der erwartete Gewinn der einen Agentur, falls nur eine Agentur beauftragt werden darf. Somit wäre auch die soziale Wohlfahrt im Modell mit nur zwei beauftragten Agenturen höher. Zudem ist auch die Wahrscheinlichkeit einer erfolgreichen Vermittlung mit $e^* = 0,32$ bei zwei beauftragten Agenturen höher als bei einer beauftragten Agentur mit $e^* = 0,25$.

### 7.5.3    Zwischenergebnis

Aus diesem Modell lässt sich kein klares Ergebnis ziehen, da hier ein Trade-Off zweier Effekte stattfindet. Einerseits verlangen die Agenturen beim „Zwei-Agentur-Modell" gegenüber dem „Ein-Agentur-Modell" bei gegebener Anstrengung $e$ einen gewissen Aufschlag auf ihr Honorar. Dieser Aufschlag spiegelt sich bei $G_3$ im Nenner des Agenturmaximierungspfads $\frac{G_3}{G_3+2}$ wieder[140] und berücksichtigt die Gefahr der Agenturen, trotz erfolgreicher Anstrengung den Auftrag an die konkurrierende Agentur zu verlieren. Bei geringem $G_3$ und

---

[140]Dieses $G_3$ im Nenner ist auch der Unterschied zum Maximierungspfad $e^* = \frac{G_3}{2}$ im "Ein-Agentur-Modell".

somit geringem $e$ ist die Wahrscheinlichkeit, dass der Konkurrent überhaupt erfolgreich ist, relativ klein und somit auch die Gefahr, von ihm ausgestochen zu werden. Aus diesem Grund ist der Aufschlag relativ gering. Bei hohem $G_3$ ist es jedoch genau umgekehrt und daher diese Gefahr und auch der Aufschlag relativ hoch.

Der zweite Effekt besteht in dem Vorteil des Arbeitsamtes, das wenn zwei Agenturen beauftragt wurden und eine keinen Erfolg hat, immer noch eine Erfolgsmöglichkeit durch die andere Agentur besteht. Diese Wahrscheinlichkeit der erfolgreichen Vermittlung für das Arbeitsamt ist $2e - e^2$ beim „Zwei-Agenturen-Modell", welche bei $e \in (0,1)$ stets größer als die Wahrscheinlichkeit $e$ beim „Ein-Agentur-Modell" ist, sich jedoch bei steigendem $e$ immer mehr $e$ annähert. Somit ist dieser Effekt vor allem bei kleinen $e$ relevant. Bei großen $e$ ist die Gefahr für das Arbeitsamt, dass die Agentur im „Ein-Agentur-Modell" scheitert, nicht sehr hoch und damit der Unterschied zwischen $2e - e^2$ und $e$ nicht sehr groß.

Dies führt nun zusammenfassend dazu, dass die Agenturen bei geringem Honorar $G_3$ und Anstrengung $e$ nur einen kleinen Aufschlag auf das Honorar verlangen, der Arbeitsamtsvorteil durch zwei Agenturen jedoch sehr groß ist und damit das „Zwei-Agenturen-Modell" effizienter ist. Bei hohem $G_3$ und $e$ ist jedoch der Risikoaufschlag zweier konkurrierender Agenturen wesentlich höher, der Arbeitsamtsvorteil jedoch eher gering, da sehr wahrscheinlich auch nur eine Agentur zu einer erfolgreichen Vermittlung führt. Somit wäre hier das „Ein-Agentur-Modell" effizienter.

Um zu überprüfen, wann welcher Effekt überwiegt, vergleiche ich in beiden Fällen die Wahrscheinlichkeiten, dass mindestens eine Vermittlung gelingt:

$P(\text{Mindestens eine gelungene Vermittlung bei einer Agentur}) = e = \frac{G_3}{2}$

$P(\text{Mindestens eine gelungene Vermittlung bei zwei Agenturen}) = 2e - e^2 =$

$[2\frac{G_3}{G_3+2} - (\frac{G_3}{G_3+2})^2]$

$[2\frac{G_3}{G_3+2} - (\frac{G_3}{G_3+2})^2] = \frac{G_3}{2} \qquad \Rightarrow G_3 = 1,24 \Rightarrow e = 0,62$

Bei $G_3 = 1,24$ und $e = 0,62$ heben sich beide Effekte gegenseitig auf, und beide Modelle sind für das Arbeitsamt gleich effizient. Somit müssten in der Realität diese beide Effekte empirisch untersucht werden, um festzustellen, welcher Effekt bei einer effizienten Anstrengung überwiegt. Davon ausgehend ließe sich dann eine Empfehlung geben, ob es Arbeitslosen erlaubt sein sollte, mehrere Agenturen parallel zu beauftragen.

## 7.6 Verträge bei Wettbewerb zwischen unterschiedlich produktiven Vermittlungsagenturen und Einbeziehung des Arbeitslosen

### 7.6.1 Annahmen

Diese Abwandlung meines Modells soll untersuchen, welche Konsequenzen es hat, wenn relevante Informationen über die Agenturen dem Arbeitsamt, den Arbeitslosen oder beiden nicht vorliegen. Zudem untersucht es Teile der momentanen Regierungsreform, nach der nicht das Arbeitsamt, sondern die Arbeitslosen über das Gutscheinsystem die Agenturen auswählen. Außerdem werde ich die Konsequenzen eines Verbots betrachten, nach dem die Arbeitslosen ein Vermittlungshonorar nicht mehr aus eigener Tasche aufstocken dürfen, wie es bei der momentanen Gesetzeslage besteht und unter welchen Bedingungen es effizienter wäre, dieses aufzuheben.

Eine der Hauptbedingungen der bisherigen Modelle war, dass das Arbeitsamt die Kosten und Erfolgswahrscheinlichkeiten der Agenturen kennt und zudem diese Kosten und Wahrscheinlichkeiten bei allen Agenturen gleich sind.

Da nicht unbedingt vorauszusetzen ist, dass einerseits die Anstrengungen der Agenturen nicht beobachtbar sind, andererseits aber alle Eigenschaften der Agenturen bekannt und gleich sind, gehe ich im folgenden Modell davon aus, dass die Agenturen verschieden sind und Kosten und Erfolgswahrscheinlichkeiten dem Arbeitsamt und den Arbeitslosen nicht bekannt sind. Da ich jedoch von sehr vielen kleinen Agenturen ausgehe, wird sich ein Wettbewerbspreis auf dem Vermittlungsmarkt einstellen.

Zudem wird untersucht, ob sich durch eine aktive Beteiligung der Arbeitslosen die Effizienz steigern ließe. In diesem Modell ist es deshalb Aufgabe der Arbeitslosen, sich die günstigste Agentur zu suchen, die somit zum Wettbewerbspreis anbietet. Die Arbeitslosen haben den Anreiz, möglichst ausgiebig zu suchen, da die ihnen vom Arbeitsamt ausgehändigten Gutscheine mit einem Betrag $B$ oberhalb des Wettbewerbspreises ausgezeichnet sind. Die Differenz zwischen dem ausgezeichneten Betrag $B$ auf dem Gutschein und dem mit der Agentur ausgehandelten Vermittlungspreis $G$ darf der Arbeitslose bei einem Vermittlungserfolg behalten.

Darauf folgend wird analysiert, welche Konsequenzen es hat, wenn Arbeitsamt und Agenturen unterschiedlich viel Information haben und wer von ihnen dann am besten die Höhe des Honorars und die Agenturen auswählt. Dabei wird auch untersucht, wie es sich auf die Gewinne der Akteure auswirkt, wenn der Arbeitslose bei diesen unterschiedlichen Konstellationen auch ohne Informationen das Honorar aus eigener Tasche aufstockt.

Zur Vereinfachung gebe es keine Grundgebühren für die Agenturen, sondern nur ein positives Honorar, das bei einem Vermittlungserfolg ausgezahlt wird.

Es gebe zwei Typen von Agenturen, $P$ produktive und $U$ unproduktive Agenturen, die sich nur in ihren Suchkosten unterscheiden. Der Agenturtyp kann jedoch weder vom Arbeitsamt noch von den Agenturen beobachtet werden. Die Anstrengungen der Agenturen sind nicht beobachtbar.

- $G$ = Gutschein bei gelungener Vermittlung, bei der der Arbeitslose seinen Job noch mindestens eine Periode behält

- $B$ =Betrag, mit dem das Arbeitsamt den Gutschein auszeichnet. Erfahrungswert des Arbeitsamtes über dem Wettbewerbspreis, aber unter den erwarteten Ersparnissen des Arbeitsamtes durch den Vermittlungsversuch

- $D$ = Arbeitslosengeld

- $C_P(e)$ = Suchkosten der produktiven Agenturen

- $C_U(e)$ = Suchkosten der unproduktiven Agenturen

- $e$ = Anstrengungsniveau $e \in (0,1)$

- $p(e)$ =Wahrscheinlichkeit, dass bei Anstrengung $e$ die Vermittlung erfolgreich ist

- $W$ = Lohn, den ein Arbeitsloser bei erfolgreicher Vermittlung im neuen Job erhält, abzüglich des entgangenen Nutzens durch weniger Freizeit im neuen Job

- $\pi_{AA}$ = Gewinn des Arbeitsamtes

- $\pi_{AL}$ = Gewinn des Arbeitslosen

## 7.6.2 Wettbewerbsmodell bei unbekannten Eigenschaften der Agenturen

Arbeitsamt, Arbeitslose und Agenturen haben folgende Nutzenkalküle:

Arbeitsamt : $\max_B E[\pi_{AA}] = (D - B)\,p(G)$
Arbeitslose[141] : $\max_G E[\pi_{AL}] = (W - D)\,p(G) + (B - G)$
Agentur :    $\max_e E[\pi_V] = G\,p(e) - C(e)$

**Partizipationsbedingung der Agenturen:** $G\,p(e) - C(e) \geq \bar{U}$

Sei nun: $\bar{U} = 0, p(e) = e$ , $C_P(e) = e^2 + \frac{1}{16}$ , $C_U(e) = 2e^2 + \frac{1}{16}$,
$W = \frac{7}{2}, D = 2$ und $B \leq D$

**Maximierungskalkül der produktiven Agenturen**

$E[\pi_V] = Ge - e^2 + \frac{1}{16}$
$\frac{\partial E[\pi_V]}{\partial e} = G - 2e = 0$
$e^* = \frac{G}{2}$

Da vollständiger Wettbewerb herrscht und $\bar{U} = 0$ ist, sind die Agenturen bereit, ihre Preise so weit zu senken, bis sie Nullgewinn machen.

$E[\pi_V] = Ge^* - (e^*)^2 - \frac{1}{16} \geq 0$
$E[\pi_V] = \frac{G^2}{2} - \frac{G^2}{4} - \frac{1}{16} \geq 0$
$\Rightarrow G \geq \frac{1}{2}$
$\Rightarrow G_P = \frac{1}{2}$ ist der Wettbewerbspreis der produktiven Agenturen.

---

[141]Der Arbeitslose verwendet dasselbe $D$ wie das Arbeitsamt, da wir davon ausgehen, dass beide von demselben Diskontsatz $\beta$ und denselben Wahrscheinlichkeiten $W_i$ ausgehen.

## Maximierungskalkül der unproduktiven Agenturen

$E[\pi_V] = Ge - 2e^2 - \frac{1}{16}$

$\frac{\partial E[\pi_V]}{\partial e} = G - 4e = 0$

$e^* = \frac{G}{4}$

Da vollständiger Wettbewerb herrscht und $\overline{U} = 0$ ist, sind die Agenturen bereit, ihre Preise so weit zu senken, bis sie Nullgewinn machen.

$E[\pi_V] = Ge^* - 2(e^*)^2 - \frac{1}{16} \geq 0$

$E[\pi_V] = \frac{G^2}{4} - \frac{G^2}{8} - \frac{1}{16} \geq 0$

$\Rightarrow G \geq \sqrt{\frac{1}{2}}$

$\Rightarrow G_U = \sqrt{\frac{1}{2}}$ ist der Wettbewerbspreis der unproduktiven Agenturen.

## Maximierungskalkül des Arbeitsamtes

Arbeitsamt : $\max_B E[\pi_{AA}] = (D - B)\,p(G)$

Das Arbeitsamt kann nur B festlegen. Es kennt zwar nicht die Eigenschaften der Agenturen und damit auch nicht die Höhe des Wettbewerbspreises. Da es über die Zeit eine gewisse Erfahrung bezüglich des Wettbewerbpreises sammelt, wird es versuchen B möglichst knapp über den Wettbewerbspreis $G_P = \frac{1}{2}$ zu legen. Somit wählt das Arbeitsamt ein $B \geq \frac{1}{2}$.

## Maximierungskalkül der sicherheitsbewussten Arbeitslosen

$\max_G E[\pi_{AL}] = (W - D + B - G)\,p(e(G))$

Da der Arbeitslose Kosten und Erfolgswahrscheinlichkeiten der Agenturen nicht kennt, wird er sich für den billigsten Anbieter entscheiden, um zu vermeiden, eine unproduktive Agentur zu bekom-

men oder aber einen überhöhten Preis zu zahlen. Da $G_P < G_U$ ist,
entscheidet sich der Arbeitslose für eine Agentur mit $G_P = \frac{1}{2}$.

**Zwischenergebnis**

$$G_P = \frac{1}{2}$$
$$e^* = \frac{1}{4}$$
$$E[\pi_{AL}] = [W - D + B - G]\frac{G}{2} = [\frac{7}{2} - 2 + B - \frac{1}{2}]\frac{1}{4} = \frac{1}{4} + \frac{B}{4}$$
$$E[\pi_{AA}] = [D - B]\frac{G}{2} = [2 - B]\frac{1}{4} = \frac{1}{2} - \frac{B}{4}$$
$$E[\pi_{AL}] + E[\pi_{AA}] = [\frac{1}{4} + \frac{B}{4}] + [\frac{1}{2} - \frac{B}{4}] = \frac{3}{4}$$
$$E[\pi_V] = G\frac{G}{2} - (\frac{G}{2})^2 - \frac{1}{16} = 0$$

Aufgrund des Wettbewerbs pendelt sich der Wettbewerbspreis
$G_P$ ein. Sollten genug produktive Agenturen auf dem Markt sein,
um die Nachfrage abzudecken, ist dies auch ein Gleichgewicht. Unproduktive Agenturen würden vom Markt ausgeschlossen, und es
fände somit „Screening" mit einer „Sorting"-Lösung statt, bei der eine Gruppe - die der unproduktiven Agenturen - aufgrund des niedrigen Honorars nicht mehr am Marktgeschehen teilnimmt. Die Vermittlungsagenturen werden auf ihren Reservationsnutzen gedrückt.
Arbeitsamt und Arbeitslose haben zusammen einen erwarteten Gewinn von $\frac{3}{4}$. Die Aufteilung dieses Gewinnes zwischen den beiden
hängt von der Wahl von $B$ ab.

Jedoch ist $G_P$ nicht zwangsläufig ein effizienter Preis, da sich
für die Agenturen zu diesem niedrigstmöglichen Preis nur eine Anstrengung von $e = \frac{1}{4}$ lohnt, was nicht unbedingt die für das Arbeitsamt und den Arbeitslosen effiziente Anstrengung ist, sondern
eine zu niedrige Anstrengung. Außerdem ist ein zweistufiger Ta-
rif mit leistungsabhängigem Honorar und Grundgebühr in diesem
Modell nicht implementierbar, da die Arbeitslosen aufgrund ihrer
Unkenntnis der Erfolgswahrscheinlichkeiten nicht beurteilen können, welches von zwei Angeboten mit jeweils zwei Komponenten
besser ist.

## Maximierungskalkül des risikobereiten Arbeitslosen

Wenn dem Arbeitslosen aufgrund eines hohen $(W - D)$ sehr an einer Vermittlung gelegen ist, er davon ausgeht, dass durch den Wettbewerbspreis eine zu geringe Anstrengung veranlasst wird, und er zudem glaubt, dass es viele produktive und wenige unproduktive Agenturen auf dem Markt gibt, wäre der Arbeitslose eventuell bereit, auch ein Honorar $G$ zu zahlen, welches über dem Wettbewerbspreis $G_P$ liegt. Obwohl er die Eigenschaften der Agenturen nicht kennt und riskiert, auf diese Weise an eine unproduktive Agentur zu gelangen, könnte er diesen Versuch machen, in der Hoffnung, durch eine höhere Anstrengung der Agenturen einen höheren Gewinn zu machen. Er könnte somit anstatt des Wettbewerbshonorars beispielsweise ein Honorar von $G = 1$ oder $G = 2$ zahlen.

## Zwischenergebnis

Wenn das Arbeitsamt beispielsweise $B = 1$ setzt, was über dem Wettbewerbspreis $G_P = \frac{1}{2}$ und unter der Ersparnis des Arbeitsamtes von $D = 2$ liegt, ergibt sich folgende Situation:

Da auch die unproduktiven Agenturen wieder auf dem Markt sind, wenn der Arbeitslose ein Honorar, das deutlich über dem Wettbewerbshonorar $G_P$ liegt, wählt, ergibt sich somit folgender Gewinn des Arbeitslosen:[142]

$$E[\pi_{AL}] = [W - D + B - G][\frac{G}{2}\frac{P}{U+P} + \frac{G}{4}\frac{U}{U+P}] = [\frac{7}{2} - 2 + 1 - G]G\frac{2P+U}{4(U+P)} = (\frac{5}{2} - G)G\frac{2P+U}{4(U+P)}$$

## Beispiel

---

[142] $\frac{P}{U+P}$ ist der Anteil der produktiven Agenturen auf dem Markt und $\frac{U}{U+P}$ ist der Anteil der unproduktiven Agenturen auf dem Markt.

Der Arbeitslose könnte nun beispielsweise statt des Wettbewerbs-honorars von $G_P = \frac{1}{2}$ ein höheres Honorar von $G = 1$ oder $G = 2$ wählen.

Wenn der Arbeitslose den Wettbewerbspreis $G_P = \frac{1}{2}$ zahlt, ergibt sich folgender erwarteter Gewinn[143]: $E[\pi_{AL}] = (\frac{5}{2} - G)G\frac{2P+U}{4(U+P)} = (\frac{5}{2} - \frac{1}{2})\frac{1}{2}\frac{2P}{4P} = \frac{1}{2}$

Wenn der Arbeitslose ein Honorar von $G = 1$ zahlt, ergibt sich folgender erwarteter Gewinn: $E[\pi_{AL}] = (\frac{5}{2} - G)G\frac{2P+U}{4(U+P)} = (\frac{5}{2} - 1)1\frac{2P+U}{4(U+P)} = \frac{3}{2}\frac{2P+U}{4(U+P)}$

Wenn der Arbeitslose ein Honorar von $G = 2$ zahlt, ergibt sich folgender erwarteter Gewinn: $E[\pi_{AL}] = (\frac{5}{2} - G)G\frac{2P+U}{4(U+P)} = (\frac{5}{2} - 2)2\frac{2P+U}{4(U+P)} = \frac{2P+U}{4(U+P)}$

Selbst wenn es nur produktive Agenturen gebe, würde der Arbeitslose keinen höheren Gewinn machen, wenn er ein Honorar von $G = 2$ zahlte, da er selbst bei $U = 0$ nur denselben erwarteten Gewinn von $\frac{2P}{4P} = \frac{1}{2}$ hätte, den er auch beim Wettbewerbshonorar erzielen würde. Sollte es dagegen auch unproduktive Agenturen auf dem Markt geben, würde der erwartete Gewinn des Arbeitslosen sogar noch geringer als beim Wettbewerbshonorar sein.

.

Wenn er dagegen ein Honorar von $G = 1$ zahlt, käme es darauf an, ob er an eine produktive oder eine unproduktive Agentur gerät. Denn bei einer produktiven Agentur würde er mit einem Honorar von $G = 1$ einen erwarteten Gewinn von $\frac{3}{2}\frac{2P}{4P} = \frac{3}{4}$ und damit

---

[143]Unproduktive Agenturen bieten zum Wettbewerbspreis nicht an.

mehr als die $E[\pi_{AL}] = \frac{1}{2}$ beim Wettbewerbspreis erzielen. Bei einer unproduktiven Agentur hätte er dagegen nur einen erwarteten Gewinn von $\frac{3}{2}\frac{U}{4U} = \frac{3}{8}$ und damit weniger als beim Wettbewerbspreis.

Wenn man nun diese beiden Ergebnisse beim Honorar von $G = 1$ vergleicht, lässt sich herausfinden, ab welcher Relation produktiver zu unproduktiver Agenturen der Arbeitslose einen höheren erwarteten Gewinn als bei der Wettbewerbslösung erzielt.

$$E[\pi_{AL}(G = 1)] \geq E[\pi_{AL}(G = \tfrac{1}{2})]$$
$$\frac{3}{2}\frac{(2P+U)}{4(U+P)} \geq \frac{1}{2}$$
$$\frac{P}{U} \geq \frac{1}{2}$$

Somit würde der Arbeitslose erst bei einem Verhältnis von $\frac{P}{U} = \frac{1}{2}$ im Durchschnitt mehr Gewinn machen, wenn er ein Honorar von $G = 1$ zahlt. Da er dieses Verhältnis aber nicht kennt, geht er allerdings ein hohes Risiko ein, seinen erwarteten Gewinn durch eine eigenständige Erhöhung des Honorars zu reduzieren. Denn wenn er das Honorar zu stark erhöht - in diesem Modell zum Beispiel auf $G = 2$ -, dann reduziert sich sein erwarteter Gewinn auf jeden Fall, selbst wenn es fast nur produktive Agenturen gäbe. Und selbst wenn er das Honorar nicht zu stark erhöht, könnte sein Gewinn geringer als beim Wettbewerbshonorar sein, wenn die Agenturen größtenteils unproduktiv sind.

Somit kann der Arbeitslose bei Unkenntnis der Agentureigenschaften durch eine Honorarerhöhung zwar unter bestimmten Umständen seinen erwarteten Gewinn erhöhen. Jedoch läuft er auch eine für ihn kaum abschätzbare Gefahr, dass sich der erwartete Gewinn ebenfalls deutlich reduziert.

### 7.6.3 Nur das Arbeitsamt kennt die Eigenschaften der Agenturen

Hier verändere ich nun das Modell so, dass nur das Arbeitsamt - jedoch nicht die Arbeitslosen - die Kosten und Erfolgswahrscheinlichkeiten der Agenturen kennt oder herausfinden kann und somit gleich eine produktive Agentur heraussucht und einen effizienten Preis festlegt. Das Arbeitsamt kann so gleich den Honorarbetrag des Gutscheins auf sein Maximierungskalkül abstimmen und nur die von ihm als produktiv identifizierten Agenturen beschäftigen. Da in diesem Modell keine negative Grundgebühr verlangt werden darf, kann das Arbeitsamt die Agenturen jedoch nicht auf deren Reservationsnutzen drücken. Da nur das Arbeitsamt und nicht die Arbeitslosen die Agenturen unterscheiden kann, verzichtet es auf die Einbeziehung des Arbeitslosen. Das heißt, der Arbeitslose darf den Honorarbetrag weder reduzieren noch erhöhen und das Arbeitsamt wählt die Agentur aus.

**Produktive Agentur maximiert**

$$E[\pi_V] = e\,G_3 - e^2 - \tfrac{1}{16}$$
$$\tfrac{\partial E[\pi_V]}{\partial e} = G_3 - 2\,e = 0$$
$$e^* = \tfrac{G_3}{2}$$

**Arbeitsamt maximiert**

$$E[\pi_A] = (D - G_3)\,\tfrac{G_3}{2}$$
$$\tfrac{\partial E[\pi_A]}{\partial G_3} = \tfrac{D}{2} - G_3 = 0$$
$$G_3 = \tfrac{D}{2} = 1$$
$$e^* = \tfrac{1}{2}$$

**Zwischenergebnis**

$$E[\pi_{AL}] = [W - D]\tfrac{G_3}{2} = [\tfrac{7}{2} - 2]\tfrac{1}{2} = \tfrac{3}{4}$$
$$E[\pi_{AA}] = [D - G_3]\tfrac{G_3}{2} = [2 - 1]\tfrac{1}{2} = \tfrac{1}{2}$$

$$E[\pi_{AL}] + E[\pi_{AA}] = \tfrac{3}{4} + \tfrac{1}{2} = \tfrac{5}{4} > \tfrac{3}{4} \text{ (aus der Wettbewerbslösung}$$
in Kapitel 7.6.2)

$$E[\pi_V] = G_3\tfrac{G_3}{2} - (\tfrac{G_3}{2})^2 - \tfrac{1}{16} = \tfrac{3}{16} > 0$$

Somit haben die Vermittlungsagenturen einen gegenüber dem Wettbewerbsmodell höheren erwarteten Gewinn von $\tfrac{3}{16}$ und vollbringen außerdem die für das Arbeitsamt optimale Anstrengung $e^* = \tfrac{1}{2}$. Arbeitsamt und Arbeitsloser haben gemeinsam einen erwarteten Gewinn von $\tfrac{5}{4}$, womit sich also ihr Gewinn gegenüber den $\tfrac{3}{4}$ aus dem Modell mit unbekannten Kosten und dem Wettbewerbshonorar $G_P$ erhöht hat. Da alle Akteure einen höheren Gewinn erzielen, steigt somit auch die soziale Wohlfahrt.

Dies zeigt auch, dass es effizienter ist, wenn in diesem Fall das Arbeitsamt und nicht der Arbeitslose die Agentur auswählt, da die erwarteten Gewinne hier höhere sind, als die Gewinne im vorangegangenen Modell, bei der der risikobereite aber uninformierte Arbeitslose die Agentur auswählte.

### 7.6.4 Arbeitsamt und Arbeitsloser kennen Eigenschaften der Agenturen

Nun nehme ich an, dass sowohl Arbeitsamt als auch Arbeitsloser die Kosten und Erfolgswahrscheinlichkeiten der Agenturen kennen. Wenn nun der Arbeitslose miteinbezogen würde, hätte er die Möglichkeit, seine Vermittlungschance durch eine Eigenbeteiligung $G_{AL}$ zum Honorar des Arbeitsamts $G_{AA}$ zu erhöhen, da er nun über die notwendige Information verfügt. Eine effiziente Lösung würde darin bestehen, dass sowohl der höhere Lohn (gegenüber dem Arbeitslosengeld) des Arbeitslosen als auch das gesparte Arbeitslosengeld des Arbeitsamts in das Maximierungskalkül mit einfließt. Hier setzt das Arbeitsamt wiederum ein Honorar $G_{AA}$ fest, mit dem der Gutschein ausgestellt wird. Der Arbeitslose kann dieses Honorar dann aus eigener Tasche durch eine Eigenbeteiligung $G_{AL}$ aufstocken.

25

Maximierungskalkül der produktiven Agenturen: $e^* = \frac{G_{AL}+G_{AA}}{2}$

Maximierungskalkül des Arbeitsamts $E[\pi_{AA}] = (D - B)e = (D - G_{AA})\frac{G_{AL}+G_{AA}}{2}$

Maximierungskalkül des Arbeitslosen: $E[\pi_{AL}] = (W-D-G_{AL})\frac{G_{AL}+G_{AA}}{2}$

Im Folgenden unterscheide ich zwei Fälle. Entweder kennt das Arbeitsamt das Maximierungskalkül des Arbeitslosen nicht und kann auch nicht beobachten, ob dieser das Honorar noch aufstockt.[144]

Im zweiten Fall kennt das Arbeitsamt das Maximierungskalkül des Arbeitslosen und berücksichtigt es bei seiner Maximierung. Da das Arbeitsamt ein Honorar festsetzen kann, auf das der Arbeitslose dann reagiert, ist dies vergleichbar mit einem Stackelberg-Wettbewerbs-Modell.[145] Denn das Arbeitsamt kann nicht mehr auf die Honorarfestlegung des Arbeitslosen reagieren.

**Fall 1: Arbeitsamt kennt Maximierungskalkül des Arbeitslosen nicht**

**Arbeitsamt maximiert**

$E[\pi_{AA}] = (D - G_{AA})e = (D - G_{AA})\frac{G_{AA}}{2}$

$\frac{\partial E[\pi_{AA}]}{\partial G_{AA}} = \frac{D}{2} - G_{AA} = 0$

$\implies G_{AA} = \frac{D}{2} = 1$

**Arbeitslose maximiert**

---

[144]In diesem Fall wird vereinfacht davon ausgegangen, dass die Einbeziehung der Arbeitslosen beim Maximierungskalkül des Arbeitsamts keine Rolle spielt und das Arbeitsamt davon ausgeht, dass nur sein Honorar an die Agenturen gezahlt wird. Mögliche Reduzierung und Aufstockung durch den Arbeitslosen kann das Arbeitsamt nicht beobachten und werden deshalb bei seinem Maximierungskalkül vernachlässigt.

[145]Wolfstetter, 1999, S. 69

$$E[\pi_{AL}] = (W - D - G_{AL})\frac{G_{AL}+G_{AA}}{2} = (W - D - G_{AL})(\frac{G_{AL}}{2} + \frac{D}{4})$$
$$\frac{\partial E[\pi_{AL}]}{\partial G_{AL}} = \frac{W-D}{2} - G_{AL} - \frac{D}{4}$$
$$\implies G_{AL} = \frac{W}{2} - \frac{3}{4}D = \frac{1}{4}$$
$$\implies e^* = \frac{G_{AL}+G_{AA}}{2} = \frac{5}{8}$$

$E[\pi_{AL}] = [W - D - G_{AL}]e^* = [\frac{7}{2} - 2 - \frac{1}{4}]\frac{5}{8} = \frac{25}{32} > \frac{3}{4}$ (wenn nur das Arbeitsamt das Honorar festlegt, wie in Kapitel 7.6.3 gesehen)

$$E[\pi_{AA}] = [D - G_{AA}]e^* = [2 - 1]\frac{5}{8} = \frac{5}{8} > \frac{1}{2}$$
$$E[\pi_V] = (G_{AL} + G_{AA})e^* - (e^*)^2 - \frac{1}{16} = \frac{21}{64} > \frac{3}{16}$$

## Fall 2: Arbeitsamt kennt und antizipiert Nutzenkalkül des Arbeitslosen

Wenn das Arbeitsamt das Nutzenkalkül des Arbeitslosen kennt, wird es dieses ähnlich einem Stackelberg-Modell bei seiner Maximierung miteinbeziehen.

## Arbeitslose maximiert

$$E[\pi_{AL}] = (W - D - G_{AL})\frac{G_{AL}+G_{AA}}{2}$$
$$\frac{\partial E[\pi_{AL}]}{\partial G_{AL}} = \frac{W-D-G_{AA}}{2} - G_{AL} = 0$$
$\implies$Die beste Antwort des Arbeitslosen ist: $G_{AL}^r(G_{AA}) = \frac{W-D-G_{AA}}{2}$

## Arbeitamt maximiert

$$E[\pi_{AA}] = (D - G_{AA})\frac{G_{AL}^r+G_{AA}}{2} = (D - G_{AA})(\frac{W-D+G_{AA}}{4})$$
$$\frac{\partial E[\pi_{AA}]}{\partial G_{AA}} = \frac{D}{4} - \frac{W-D}{4} - \frac{G_{AA}}{2} = 0$$
$$\implies G_{AA} = D - \frac{1}{2}W = \frac{1}{4}$$
$$\implies G_{AL} = \frac{W-D-G_{AA}}{2} = \frac{5}{8}$$
$$\implies e^* = \frac{G_{AL}+G_{AA}}{2} = \frac{7}{16}$$

$E[\pi_{AL}] = [W - D - G_{AL}]e^* = \frac{7}{8}\frac{7}{16} = \frac{49}{128} < \frac{3}{4}$ (wenn nur das Arbeitsamt das Honorar festlegt, wie in Kapitel 7.6.3 gesehen)

$E[\pi_{AA}] = [D - G_{AA}]e^* = \frac{7}{4}\frac{7}{16} = \frac{49}{64} > \frac{1}{2}$

$E[\pi_V] = (G_{AL} + G_{AA})e^* - (e^*)^2 - \frac{1}{16} = \frac{36}{256} < \frac{3}{16}$

$E[\pi_{AA}] + E[\pi_{AL}] = \frac{147}{128} < \frac{5}{4}$

Somit haben sich im Fall, bei dem das Arbeitsamt nicht das Maximierungskalkül des Arbeitslosen antizipiert, die erwarteten Gewinne aller Akteure gegenüber dem Modell, bei dem nur das Arbeitsamt das Honorar festlegt, erhöht. Daher steigt sowohl die Effizienz als auch die soziale Wohlfahrt.

Falls dagegen das Arbeitsamt das Maximierungskalkül des Arbeitslosen kennt und antizipiert, steigt nur der Gewinn des Arbeitsamtes, da dieses sein Honorar deutlich reduziert. Die Gewinne des Arbeitslosen und der Agentur sinken dagegen. Auch Effizienz und soziale Wohlfahrt sinken gegenüber dem Modell, bei dem nur das Arbeitsamt das Honorar festsetzt, da die summierten Gewinne von Arbeitsamt und Arbeitlosen geringer sind als im vorangegangenen Modell.

### 7.6.5 Zwischenergebnis

An diesem Ergebnis kann man sehen, dass mehr Information auch zu höherer Effizienz führt. Wenn nämlich der Arbeitslose Kosten und Wahrscheinlichkeiten nicht kennt, wird er nur das geringe Wettbewerbshonorar anbieten. Dies führt jedoch zu einem geringerem Gutscheinbetrag und einer geringeren Anstrengung gegenüber der effizienten Anstrengung. Dies führt wiederum zu einem geringeren erwarteten Gewinn des Arbeitslosen und des Arbeitsamtes, der sich je nach Wahl von $B$ auf die beiden aufteilt.

Wenn der Arbeitslose nun ohne die Eigenschaften der Agenturen zu kennen, ein Honorar über dem Wettbewerbshonorar anbietet, kann sich sein Gewinn erhöhen oder auch sinken, je nachdem, wie die Eigenschaften der Agenturen sind und abhängig davon, ob er an eine produktive oder unproduktive Agentur gerät.[146] Somit geht der Arbeitslose bei solch einer Honorarerhöhung ein gewisses Risiko ein, seinen erwarteten Gewinn zu reduzieren; er kann aber auch einen höheren erwarteten Gewinn erreichen.

Wenn dagegen das Arbeitsamt Kosten und Wahrscheinlichkeiten der Agenturen kennt, kann es gleich die seinen Nutzen maximierende Anstrengung von $e = \frac{1}{2}$ implementieren und direkt den Gutscheinbetrag $G = 1$ festsetzen. Durch die höhere Anstrengung erhöht sich jedoch der erwartete Nutzen des Arbeitsamts und des Arbeitslosen auf $\frac{5}{4}$ gegenüber $\frac{3}{4}$ im vorangegangenen Modell. Dies ist jedoch nicht der Betrag, der die soziale Wohlfahrt maximiert, da das Arbeitsamt den Nutzen des Arbeitslosen aus der Vermittlung ignoriert und somit eine zu niedrige Anstrengung implementiert. Bei einer Einbeziehung des Arbeitslosen bestünde jedoch hier die Gefahr eines Effizienzverlust, da der Arbeitslose aufgrund mangelnder Information über die Agenten an eine unproduktive Agentur geraten oder das Honorar zu stark erhöhen könnte.

Wenn jedoch sowohl Arbeitslose als auch Arbeitsamt die Kosten und Erfolgswahrscheinlichkeiten der Agenturen kennen und das Arbeitsamt die mögliche Veränderung des Honorars durch den Arbeitslosen nicht in sein Maximierungskalkül integriert, wird eine effizientere Anstrengung von $e^* = \frac{5}{8}$ implementiert. Dadurch steigen sowohl der erwartete Gewinn des Arbeitslosen, als auch der erwartete Gewinn des Arbeitsamtes und der Vermittlungsagentur und damit auch die soziale Wohlfahrt gegenüber dem Modell, wo

---

[146]Unproduktive Agenturen bieten bei einem deutlich über dem Wettbewerbshonorar liegenden Honorar wieder an.

alleine das Arbeitsamt die Honorarhöhe festlegt. [147]

Wenn dagegen das Arbeitsamt das Maximierungskalkül des Arbeitslosen antizipieren und in seinem Maximierungskalkül berücksichtigen kann, dann steigt nur der Gewinn des Arbeitsamtes. Da das Arbeitsamt nun seinen Honoraranteil stark reduziert, sinken damit auch der Gewinn des Arbeitslosen, die Anstrengung und die soziale Wohlfahrt.

Bezüglich einer Empfehlung an die Politik lässt sich sagen, dass zumindest in diesem Modell ein zu geringes Honorar schlecht für alle Akteure ist, da es zu einer zu geringen Anstrengung führt. Je mehr Informationen über die Eigenschaften der Agenturen bekannt sind, desto besser lässt sich eine effizientere Lösung implementieren.

Wenn der Arbeitslose über ausreichend Informationen verfügt oder zumindestens mehr Informationen als das Arbeitsamt besitzt, kann es ökonomisch sinnvoll sein, wenn er das Honorar noch aufstocken kann und seine Agentur selbst aussucht. Falls jedoch nur das Arbeitsamt über die relevanten Informationen verfügt besteht bei einer solchen Einbeziehung des Arbeitslosen ein beträchtliches Verlustrisiko und es wäre effizienter, wenn das Arbeitsamt die Agentur und Honorarhöhe auswählt. Falls das Arbeitsamt das Maximierungskalkül des Arbeitslosen antizipieren kann, kann es zu einem Effizienzverlust kommen, wenn der Arbeitslose das Honorar noch aufstocken darf, weil dann das Arbeitsamt den Anreiz hätte, sein Honorar zu reduzieren. Somit könnte auch hier ein Verbot der Honorarbeteiligung des Arbeitslosen eine ökonomische Berechtigung haben.

---

[147]Diese Anstrengung ist jedoch noch immer nicht die wirklich effiziente Anstrengung. Denn der Arbeitslose antizipiert das vorgelegte Honorar des Arbeitsamtes und beachtet bei seinem Aufstocken des Honorars nur noch seinen Nutzen. Wenn der komplette Nutzen $W - D + D = \frac{7}{2}$ aus einer Vermittlung auch vollständig miteinbezogen würde, müsste eine Honorar von $\frac{W}{2} = \frac{7}{4}$ für ein $e^* = \frac{7}{8}$ gezahlt werde. Dies könnte zum Beispiel erreicht werden, wenn ein sozialer Planer die beiden Honorarhöhen festlegt.

## 7.7    Effizienzlöhne

In den bisherigen Modellen wurde gezeigt, dass aufgrund von verschiedenen Informationsasymmetrien und Risikoaversion Effizienzverluste entstehen und die soziale Wohlfahrt sinkt. Nicht immer ist es möglich, Verträge so zu schließen, dass die Vertragspartner ihre unbekannten Informationen, wie Kosten oder Anstrengungen, offenbaren. Und wenn sie diese offenbaren oder sie nach dem Willen des Vertragspartners maximieren, dann entstehen häufig Effizienzverluste, weil das der Offenbarung zugrunde liegende Anreizmodell zur Zahlung einer Risikoprämie führt.

Allerdings hat das Arbeitsamt neben verschiedenen Informationsnachteilen einen entscheidenden Vorteil. Es ist der einzige große Nachfrager von Arbeitsvermittlung, wo es viele kleine Anbieter gibt.[148] Somit kann es mit den Agenturen eine Vereinbarung über deren zu erbringende Anstrengung treffen und einzelne Agenturen vom Markt ausschließen, wenn zu vermuten ist, dass diese die Abmachung gebrochen haben. Auch wenn die Gefahr, bei einer Abweichung erwischt zu werden, aufgrund der Unbeobachtbarkeit vieler Faktoren sehr gering ist, so ist doch die Sanktion in Form eines dauerhaften Marktausschlusses eine sehr starke Drohung.

### 7.7.1    Aufhebung der erfolgsabhängigen Bezahlung

Um die Zahlung einer Risikoprämie bei risikoaversen Agenturen zu vermeiden, könnte das Arbeitsamt wieder zu einem fixen Grundlohn zurückkehren, der unabhängig vom Erfolg gezahlt wird. Da dieses Fixhonorar jedoch mit Sicherheit gezahlt würde, könnte es bei konstanter Anstrengung geringer gewählt werden als das vom Arbeitsamt durchschnittlich gezahlte unsichere erfolgsabhängige Honorar, da das Arbeitsamt nun den risikoaversen Agenturen keine

---

[148]Kommerzielle Vermittlung von hochprofessionellen Arbeitskräften einmal ausgenommen.

zusätzliche Risikoprämie mehr zahlen muss. Dazu müsste das Arbeitsamt mit den Agenturen eine Abmachung über eine für das Arbeitsamt optimale Anstrengung der Agenturen treffen.

Die Agenturen hätten jedoch nun keinen Anreiz mehr sich anzustrengen, da sie ja den Lohn unabhängig vom Erfolg der Vermittlung bekämen. Wenn sie ihren Gewinn maximierten, würden sie somit automatisch ihre Anstrengungen und damit auch die Kosten reduzieren.

Auf den Anreiz der Agenturen, sich nicht mehr anzustrengen, könnte das Arbeitsamt reagieren, indem es sich die Vermittlungsergebnisse der Agenturen einige Zeit anschaut. Sollten die Ergebnisse einer Agentur über mehrere Perioden signifikant von dem Wert abweichen, der bei der optimalen vereinbarten Anstrengung zu erwarten wäre, würde das Arbeitsamt die Zusammenarbeit für immer beenden. Dieses Verfahren schließt natürlich auch die Gefahr mit ein, dass Agenturen, die immer die vereinbarte Anstrengung erbracht haben, versehentlich ausgeschlossen werden, wenn sie zufälligerweise viele negative Ergebnisse haben.

Um den Anreiz der Agenturen zu erhöhen, weiterhin mit dem Arbeitsamt zusammenarbeiten zu wollen, und damit den Ausschluss aus dem Markt als Strafe nutzen zu können, dürfte das Arbeitsamt die Agenturen jedoch nun nicht mehr auf deren Reservationsnutzen drücken. Stattdessen könnte es den Agenturen einen zusätzlichen Bonus $A$ zahlen, der über dem Reservationsnutzen liegt.

### 7.7.2 Modell

**Ausgangsmodell mit Anreizlöhnen**

Ich nehme als Ausgangspunkt das Modell mit risikoaversen Agenten aus 7.3.1. Es gebe sowohl eine Grundgebühr $G_1$ als auch ein erfolgsabhängiges Honorar $G_3$.

Die Kosten der Agenturen betragen $C(e) = e^2$, ihre Nutzenfunktion $U = E(G_1, G_3) - Var(G_1, \sqrt{G_3})$, die Erfolgswahrscheinlichkeit ist $p(e)$ und somit das Maximierungskalkül $e^* = \frac{G_3 - rG_3}{2(1 - rG_3)}$.

Als Folge darauf setzt das Arbeitsamt den risikoaversen Agenturen

$G_3 = \frac{1}{r} - \sqrt{\frac{1}{r^2} - \frac{[2D - 2Dr]}{[r - r^3]}}$ (siehe 7.3.1)

$G_1 = \overline{U} - \frac{[G_3 - rG_3]^2}{4[1 - rG_3]}$ (siehe 7.3.1)

Bei der Wahl von $\overline{U} = 0, D = 1$ und $r = 0,5$ entsteht:

$e^* = 0,366, G_3 = 0,845$ und $G_1 = -0,077$

$E[\pi_{AA}] = [1 - G_3]e^* - G_1 = [1 - 0,845]0,366 + 0,077 = 0,134.$

$E[\pi_V] = G_3 e^* + G_1 - (e^*)^2 = 0$

Aufgrund der Risikoaversion der Agenturen beinhalten diese Honorare des Arbeitsamtes bereits eine Risikoprämie.

**Vereinbarung**

Als neue Abmachung vereinbart das Arbeitsamt mit den Agenturen, dass diese die für das Arbeitsamt optimale Anstrengung von $e^* = \frac{D}{2} = \frac{1}{2}$ erbringen[149]. Um keine Risikoprämie zahlen zu müssen, bietet das Arbeitsamt einen ergebnisunabhängigen Fixlohn an, der sich aus Kosten der Agenturen, ihrem Reservationslohn und des Bonus $A$ zusammensetzt:

$G_1 = \overline{U} + C(e^* = \frac{1}{2}) + A = \overline{U} + \frac{1}{4} + A$

Da der Fixlohn ergebnisunabhängig gezahlt wird, hat die Agentur bei diesem Lohnschema den Anreiz, ihre Anstrengung zu reduzieren. Zur Vereinfachung wird davon ausgegangen, dass die Agentur nur die Möglichkeit hat, entweder immer die Anstrengung $e^* = \frac{1}{2}$ zu erbringen oder aber für immer auf die geringere Menge $\widehat{e} = \frac{1}{4}$ abzuweichen.

---

[149]Die für das Arbeitsamt optimale Anstrengung $e^* = \frac{D}{2}$ ergibt sich aus dem Modell 7.2.2.

Nach $n$ Perioden mit je einem Vertrag überprüft das Arbeitsamt die Ergebnisse und erwischt die Agentur mit Wahrscheinlichkeit $(1 - P)$, falls diese tatsächlich abgewichen ist. Mit Wahrscheinlichkeit $(1 - Q)$ unterstellt sie einer Agentur, sie wäre auf $\widehat{e}$ abgewichen, obwohl diese die optimale Anstrengung $e^*$ erbracht hatte. Falls das Arbeitsamt die Zusammenarbeit mit einer Agentur beendet, verdient diese ausgeschlossene Agentur in den folgenden Perioden nur noch ihr Reservationseinkommen $\overline{U}$. $P$ und $Q$ seien sowohl dem Arbeitsamt als auch den Agenturen bekannt.

Der Gewinn aus unendlich vielen Perioden für eine Agentur, die sich an die vereinbarte Anstrengung $e^*$ hält, beträgt:[150]

$$E[\pi_{Ve^*}] = \sum_{i=1}^{n} \beta^i (A + \overline{U}) + \sum_{i=n}^{\infty} \beta^i [Q(A + \overline{U}) + (1 - Q)\overline{U}] =$$
$$(A + \overline{U})\tfrac{1-\beta^n}{1-\beta} + AQ\tfrac{1-(1-\beta^n)}{1-\beta} + \overline{U}\tfrac{1-(1-\beta^n)}{1-\beta} = A[\tfrac{1-\beta^n}{1-\beta} + \tfrac{\beta^n Q}{1-\beta}] + \overline{U}\tfrac{1}{1-\beta}$$

Durch das Abweichen von $e^* = \tfrac{1}{2}$ auf $\widehat{e} = \tfrac{1}{4}$ reduzieren sich die Kosten der abweichenden Agentur um $\tfrac{3}{16}$ von $\tfrac{1}{4}$ auf $\tfrac{1}{16}$. Der Gewinn für eine Agentur, die von Anfang an auf $\widehat{e}$ **ausweicht**, beträgt somit[151]:

$$E[\pi_{V\widehat{e}}] = \sum_{i=1}^{n} \beta^i (A + \overline{U} + (\tfrac{1}{4} - \tfrac{1}{16})) + \sum_{i=n}^{\infty} \beta^i [P(A + \overline{U} + \tfrac{3}{16}) +$$
$$(1 - P)\overline{U}]$$
$$= (A + \overline{U} + \tfrac{3}{16})\tfrac{1-\beta^n}{1-\beta} + [A + \tfrac{3}{16}]P\tfrac{1-(1-\beta^n)}{1-\beta} + \overline{U}\tfrac{1-(1-\beta^n)}{1-\beta}$$
$$= (A + \tfrac{3}{16})[\tfrac{1-\beta^n}{1-\beta} + \tfrac{\beta^n P}{1-\beta}] + \overline{U}\tfrac{1}{1-\beta}$$

---

[150]Der erste Term bezieht sich auf das sichere Einkommen aus den ersten n Perioden, der zweite Term auf das aufgrund möglicher falscher Verdächtigung unsichere Einkommen aus den folgenden Perioden und der dritte Term auf den Reservationsnutzen bei Entlassung.

[151]Ich vernachläßige hier das Problem der Risikoaversion der Agentur bezüglich eines möglichen Ausschlusses vom Markt, da die Differenz zwischen Effizienzlohn und Reservationslohn nicht so groß ist wie im vorangegangenen Fall die Differenz zwischen dem positiven Honorar und der negativen Grundgebühr. Außerdem besteht die Gefahr des Marktausschlusses erst nach der n-ten Periode.

Damit die Agentur keinen Anreiz hat, von der vereinbarten Anstrengung $e^*$ abzuweichen, muss der erwartete Gewinn bei Abweichen geringer sein als wenn die Agentur **nicht abweicht**. Somit muß Folgendes gelten:

$$A[\frac{1-\beta^n}{1-\beta} + \frac{\beta^n Q}{1-\beta}] + \overline{U}\frac{1}{1-\beta} > (A + \frac{3}{16})[\frac{1-\beta^n}{1-\beta} + \frac{\beta^n P}{1-\beta}] + \overline{U}\frac{1}{1-\beta}$$

$$A[\frac{1-\beta^n}{1-\beta} + \frac{\beta^n Q}{1-\beta}] > (A + \frac{3}{16})[\frac{1-\beta^n}{1-\beta} + \frac{\beta^n P}{1-\beta}]$$

Dazu müsste nun $A^* > \frac{3}{16}\frac{1-\beta^n+\beta^n P}{(\beta^n)(Q-P)}$ sein.

**Beispiel**: Sei $\beta = 0,97$; $P = 0,3$; $Q = 0,9$ , $n = 3$

Daraus folgt $A^* > \frac{3}{16}\frac{1-(0.97)^3+(0.97)^3*0.3}{(0.97)^3*0.6} = 0,11$

Daraus folgt für den erwarteten Gewinn des Arbeitsamts bei Anwendung der Effizienzlöhne pro Periode: $E[\pi_{AA}] = De^* - A^* - (e^*)^2 = 1 * \frac{1}{2} - 0,11 - \frac{1}{4} = 0,14 > 0,134$ (aus dem Modell ohne Effizienzlöhne)

Dies ist eine Steigerung um $0,07$ gegenüber dem vorangegangenen Modell und somit eine Steigerung der Effizienz und der sozialen Wohlfahrt, da hier auch die Agenturen einen positiven Gewinn von $0,11$ verbuchen können.

Ob Effizienzlöhne generell zu einer Effizienzsteigerung führen, hängt - wie gesehen - von der Höhe von $P, Q$ und $\beta$ ab. Wie aus der Ungleichung zu erkennen ist, sind Effizienzlöhne um so leichter implementierbar, je höher $Q$, $\beta$ und die sonst zu zahlende Risikoprämie und je niedriger $P$ ist.

### 7.7.3  Zwischenergebnis

Falls der erwartete Gewinn bei dem Modell mit festem Lohn um mindestens $A^*$ höher ist als beim Modell mit ertragsabhängiger Bezahlung trotz risikoaverser Agenturen, dann lohnt sich dieses

Effizienzlohnmodell für das Arbeitsamt. Auch für die Agenturen lohnt sich dieser Ansatz, da sie statt ihres Reservationsnutzens $\overline{U}$ nunmehr $\overline{U} + A^*$ erhalten. Also würde mit einem solchen Ansatz die soziale Wohlfahrt gesteigert. Wie an der Anreizbedingung ersichtlich ist, ist ein solches Effizienzlohnmodell um so leichter implementierbar, je weniger die Agenturen zukünftigen Nutzen abdiskontieren, je höher die Wahrscheinlichkeit ist, beim Abweichen erwischt zu werden, und je geringer die Wahrscheinlichkeit, trotz abgesprochenen Verhaltens fälschlicherweise des Abweichens bezichtigt zu werden. Wenn dagegen stark abdiskontiert wird, würde die in den ersten Perioden ungefährdete Abweichrente der Agenturen deutlich mehr gewichtet und somit ein solches Modell schwerer implementierbar.

## 7.8 Interne versus externe Anreize

Ein sowohl in der Presse[152] als auch in wissenschaftlichen Publikationen[153] viel diskutierter Vorschlag ist, Leistungsanreize nicht nur über externe Agenturen, sondern vor allem für die Mitarbeiter der Bundesanstalt für Arbeit selbst zu setzen. Bereits auf dieser Ebene könnte man stärkere und effizientere Vermittlungsanstrengungen von den bereits beschäftigten Mitarbeitern erwarten.

Tatsächlich ist es so, dass für einen Mitarbeiter des Arbeitsamtes momentan so gut wie keine monetären Anreize bestehen, erfolgreich zu vermitteln.[154] Da Vermittlungsanstrengungen kaum beobachtbar sind, hat der Mitarbeiter eigentlich keine negativen Konsequen-

---

[152]DIE ZEIT, 14.2.2002

[153]FRANZ & SELL, 2002

[154]Unbestritten ist natürlich, dass für die meisten Mitarbeiter auch andere Faktoren eine Rolle spielen, wie die Pflicht, seine Arbeit gut zu verrichten, und die Bemühung, den einzelnen Arbeitslosen zu helfen. Tatsächlich ist auch bei vielen Mitarbeitern die einzelne Anstrengung nicht aus Motivationsgründen gering, sondern weil sie mehrere hundert Klienten zu betreuen haben.

zen von der Amtsleitung zu befürchten. Und da Arbeitsverhältnisse im öffentlichen Dienst fast unmöglich zu kündigen sind, drohen selbst Mitarbeitern, die über einen längeren Zeitraum deutlich unterdurchschnittliche Vermittlungsergebnisse erzielen, auch auf diesem Weg keine Sanktionen.

Im folgenden Modell untersuche ich nun, ob jedoch neu zu schaffende an die Arbeitsamtsmitarbeitern gesetzte Anreizlöhne effizienter sind als erfolgsentlohnte Vermittlungsaufträge an externe Agenturen.

### 7.8.1 Annahmen

Die Vergabe von Vermittlungsaufträgen an externe Agenturen und die interne Anreizsetzung an Arbeitsamtsmitarbeiter beinhaltet viele verschiedene Faktoren.[155] In diesem Modell beschränke ich mich aber auf nur zwei von diesen Effekten: Fixkosten durch die externe Vergabe und eine starke Risikoaversion der Arbeitsamtsmitarbeiter.

Durch die Ausgabe von Gutscheinen an externe Agenturen entstehen unabhängig von der Höhe der Gutscheine und dem Erfolg der Agentur Kosten im Arbeitsamt, da die Gutscheine dann ja alle wieder von Arbeitsamtsmitarbeitern verwaltet und kontrolliert und die Agenturen betreut werden müssten. Selbst wenn die komplette Arbeitsvermittlung von externen Agenturen verrichtet würde, fie-

---

[155]So wurde die Einbeziehung von privaten Agenturen unter anderem damit begründet, dass diese aufgrund ihrer betriebswirtschaftlicheren Ausrichtung wesentlich effizienter, dynamischer und innovativer Arbeitsvermittlung betreiben könnten als das aufgrund seiner Größe und behördlichen Struktur schwerfälligere Arbeitsamt. (Internationales Arbeitsamt, 1994, S. 63)

Auf der anderen Seite führe eine zu starke Einbindung der privaten Agenturen zu einer übermäßigen Zersplitterung der Information. Hier enstünden somit Effizienzverluste, da das Arbeitsamt wesentlich besser diese Informationsbedürfnisse bündeln und die bekannten Informationen offenlegen könnte, während die Agenturen kein Interesse an der Offenlegung ihrer Informationen hätten. (Internationales Arbeitsamt, 1994, S. 60)

Um die Lösbarkeit des Modells zu erhalten, vernachlässige ich hier jedoch diese beiden Effekte.

len für das Arbeitsamt die Lohnkosten der Arbeitsvermittler im Arbeitsamt nicht einfach weg. Da diese nicht kündbar sind, laufen ihre Lohnkosten als Fixkosten zumindest übergangsweise weiter, obwohl diese eigentlich keine Beschäftigung mehr haben.

Auf der anderen Seite gehe ich jedoch davon aus, dass die Beamten im Arbeitsamt deutlich risikoaverser sind als die externen Agenturen. Dies liegt erst einmal an der Tatsache, dass die Beamten in diesem Fall für sich alleine arbeiten. Insofern würde sie ein Lohnausfall durch mehrere geplatzte Vermittlungen sehr stark treffen. In den Agenturen arbeiten jedoch meistens mehrere Vermittler, auf die sich zumindest das Risiko etwas mehr aufteilt. Zudem könnte davon ausgegangen werden, dass Unternehmer, wie es ja die Agenturbetreiber sind, generell weniger risikoavers sind als Beamte, die oft bereits seit vielen Jahren im Arbeitsamt arbeiten. Abzuleiten wäre dies unter anderem von der Tatsache, dass die Entscheidung, Beamter in der Bundesanstalt für Arbeit zu werden, gewisse Rückschlüsse auf eine höhere Risikoaversion zulassen könnte.

Um das Modell einfach zu halten, werden alle anderen Faktoren bei Beamten und Agenturen als gleich angenommen. Der Reservationslohn der Beamten, der für sie äquivalent zur leistungsbezogenen Bezahlung sein muss, sind die Bezüge, die sie sonst aufgrund ihres Beamtenstatuses bekämen. Der Einfachheit halber sei der Reservationslohn der Agenturbetreiber identisch mit diesem. Ansonsten wird davon ausgegangen, dass Erfolgswahrscheinlichkeiten und Suchkosten bei Beamten und Agenturen jeweils gleich und dem Arbeitsamt bekannt sind. Die Beamten und Agenturen seien zudem untereinander jeweils gleich. Die Vermittlungsanstrengungen sind vom Arbeitsamt nicht beobachtbar.

- $G_1$ = Fixlohn bzw. Fixgebühr

- $G_3$ = Bonus bei gelungener Vermittlung

- $D$ = Arbeitslosengeld

- $C(e)$ = Suchkosten

- $e$ = Anstrengungsniveau $e \in (0,1)$

- $p(e)$=Wahrscheinlichkeit einer erfolgreichen Vermittlung bei Anstrengung $e$

- $U(G_1, G_2) = E(G_1, G_2) - r \, Var(G_1, \sqrt{G2})$ =Nutzenfunktion der Beamten

- $\pi_B$ = Gewinn der Beamten

- $\pi_{AA}$ = Gewinn des Arbeitsamtes

- $\pi_V$ = Gewinn der Vermittlungsagentur

## 7.8.2   Interne Anreize für Beamte des Arbeitsamtes

**Zielfunktionen:**
Arbeitsamt: max $E[\pi_{AA}] = e(p)(D - G_3) - G_1$
Beamter: $\max_e E[\pi_B] = p(e)G_3 + G_1 - r\left[(e\,(1-e)(1-e+e))\,G_3\right] - C(e)$

Sei $p(e) = e, C(e) = e^2$

**Schritt 1: Beamte maximieren ihren Gewinn**

$\Rightarrow e^* = \frac{G_3 - rG_3}{2(1 - rG_3)}$[siehe Kapitel 7.3.1]

**Schritt 2: Arbeitsamt maximiert**

$\Rightarrow G_3 = \frac{1}{r} - \sqrt{\frac{1}{r^2} - \frac{[2D - 2Dr]}{[r - r^3]}}$[siehe Kapitel 7.3.1]

$\Rightarrow G_1 = -\frac{[G_3 - rG_3]^2}{4[1 - rG_3]}$ [siehe Kapitel 7.3.1]

Sei $r = 0,5$ und $D = \frac{9}{8}$

$\Rightarrow E[\pi_{AA}] = [D - G_3]e^* + G_1 - \overline{U} = [\frac{9}{8} - 1]\frac{1}{2} + \frac{1}{8} - \overline{U} = \frac{3}{16} - \overline{U}$
$\Rightarrow E[\pi_B] = G_3 e^* + G_1 - r[e(1 - e)G_3] - (e^*)^2 = \overline{U}$ [siehe Kapitel 7.31]

### 7.8.3 Externe Anreize für private Agenturen

Durch die Auftragsvergabe an externe Vermittler ergibt sich zwar der Vorteil, dass diese Vermittler weniger risikoavers sind, was zu mehr Anreizmöglichkeiten und somit höheren Gewinnen für das Arbeitsamt führt. Auf der anderen Seite entstehen jedoch Fixkosten durch die Abwicklung der externen Vergabe und die Tatsache, dass ihrer Arbeit entbundene Beamte nicht so schnell andere wichtige Tätigkeiten ausführen können und nicht so einfach entlassen werden können. Ich gehe davon aus, dass die Beamten so risikoavers sind, dass die Vermittlungsagenturen im Vergleich dazu als quasi risikoneutral angesehen werden können.

Seien $\bar{C}$ die Fixkosten des Arbeitsamtes durch Outsourcing.

**Zielfunktionen:**

Arbeitsamt : $\max_{G_1, G_2} E[\pi_{AA}] = (D - G_3)\, p(e) - G_1 - \overline{\overline{C}}$
Agentur :   $\max_e E[\pi_V] = G_3\, p(e) + G_1 - C(e)$

Wie aus Kapitel 7.2.2 bekannt, antizipiert das Arbeitsamt das Maximierungskalkül der Agenturen und setzt daraufhin:

$G_3 = D$
$G_1 = \overline{U} - \frac{D^2}{4}$

$e^* = \frac{D}{2}$

$\Rightarrow E[\pi_{AA}] = [D - D]\frac{D}{2} + \frac{D^2}{4} - \bar{C} - \overline{U} = \frac{D^2}{4} - \bar{C} - \overline{U}$

$\Rightarrow E[\pi_V] = D\frac{D}{2} - \frac{D^2}{4} - \left(\frac{D}{2}\right)^2 + \overline{U} = \overline{U}$

### 7.8.4 Vergleich externer und interner Anreize

Sowohl die Risikoaversion der Beamten bei interner Vergabe als auch die Fixkosten des Arbeitsamtes bei externer Vergabe führen zu einem Nutzenverlust des Arbeitsamtes. Die Risikoaversion der Beamten macht die Zahlung einer Risikoprämie nötig und verhindert eine stärkere Anreizsetzung. Um zu entscheiden, welche Variante nun für das Arbeitsamt die günstigere ist, müssen diese Effekte nun miteinander verglichen werden.

Sei in diesem Modell die Risikoaversion der Beamten $r_B = 0,5$, die Risikoaversion der Agenturen $r_V = 0$ und sei $D = \frac{9}{8}$.

Daraus folgt für den erwarteten Gewinn des Arbeitsamtes bei einer Vermittlung durch die Beamten:

$E_B[\pi_{AA}] = [D - G_3]e^* + G_1 = [\frac{9}{8} - 1]\frac{1}{2} + \frac{1}{8} = \frac{3}{16}$

Bei der Vermittlung durch externe Agenturen entsteht dagegen folgender Gewinn:

$E_V[\pi_{AA}] = [D - D]\frac{D}{2} + \frac{D^2}{4} - \bar{C} = \frac{81}{256} - \bar{C}$

Ein Vergleich der beiden Ergebnisse ergibt:

$\frac{81}{256} - \bar{C} = \frac{3}{16} \Rightarrow \overline{C} = \frac{33}{256}$

In diesem Falle wäre es ab Fixkosten von $\overline{C} = \frac{33}{256}$ effizienter, interne Leistungsanreize für die Arbeitsamtsmitarbeiter als für private Agenturen zu setzen. Bei geringeren Fixkosten wäre es dagegen aufgrund der Risikokosten der Beamten effizienter, den Vermittlungsauftrag an eine externe Agentur zu vergeben. Allgemein müsste nun empirisch untersucht und abgewogen werden, welcher der beiden Effekte überwiegt, damit man sich dementsprechend für die effizientere Lösung entscheiden könnte.[156]

# 8 Diskussion und Ausblick

Wenn man davon ausgeht, dass Vermittlungsinstitutionen geringere Kosten bei der Arbeitssuche haben als Arbeitslose, dann könnten ihre Einrichtung zu einer Effizienzsteigerung beitragen. Unterstützt würde diese Existenzberechtigung, wenn zusätzlich angenommen wird, dass diese Institutionen aufgrund ihrer Professionalität, Größe und langfristigen Marktteilnahme mehr Informationen über den für einen Arbeitslosen relevanten Teil des Arbeitsmarktes haben als der Arbeitslose selbst. Wenn deshalb nun die Existenz von Vermittlungsinstitutionen aufgrund ihrer durch die Interessenbündelung vieler Klienten entstehenden Kosten- und Informationsvorteile als sinnvoll ansehen wird, blieb die Frage, unter welchen Rahmenbedingungen diese Institutionen mit den Arbeitslosen und wie Institutionen untereinander effizient zusammenarbeiten sollten. Außerdem wurde untersucht, ob die Vermittlungsarbeit besser alleine von einer staatlichen Institution oder von privaten Institutionen im Auftrag des Staates vollbracht werden sollte.

Dieses Modell hat zu einigen dieser Probleme Ergebnisse aufgezeigt, die jedoch aufgrund der strengen Annahmen und Vereinfachungen[157] in erster Linie Ansätze für weitere Forschung und em-

---

[156]Falls es jedoch nach diesem Modell effizienter wäre, wenn nur noch private Agenturen die Arbeitsvermittlung übernähmen und das Arbeitsamt somit gar keine Informationsgewinnung mehr betriebe, stünde auch kein vom Arbeitsamt veröffentlichter Informationspool der offenen Stellen den Arbeitslosen und Agenturen mehr zur Verfügung. Dadurch entstünden deutlich höhere Suchkosten bei Arbeitslosen und Agenturen. Deswegen könnte es in diesem Fall effizienter sein, wenn das Arbeitsamt zwar keine direkte Vermittlung mehr ausführte, aber dennoch einen für alle Akteuren zugänglichen Informationspool aller ihm als offen gemeldeten Stellen beziehungsweise interessierten Arbeitslosen bereitstellte.

[157]So stellt zum Beispiel die im Modell angewandt Annahme, nach der Arbeitslose und Agenturen relativ homogen sind, eine starke Vereinfachung dar, die die Übetragung der

pirische Untersuchung darstellen und damit nur begrenzt für eine
Politikempfehlung geeignet sind.

## 8.1   Effizienz und Anreizwirkung eines Gutschein-systems

Die Bundesregierung hat ein Gutscheinsystem eingeführt, mit dessen Hilfe private Agenturen vom Arbeitsamt indirekt mit der Arbeitsvermittlung beauftragt werden, da man davon ausging, dass
private Agenturen aufgrund ihrer betriebswirtschaftlicheren Heran-
gehensweise effizienter und innovativer als das Arbeitsamt vermitteln können und bei ihnen eine stärker ergebnisbezogene Bezahlung
leichter zu implementieren sei.

Bei der ökonomischen Analyse des Gutscheinsystems konnte
festgestellt werden, dass seine Einführung in theoretischer Sichtweise auf alle Fälle einen Effizienzgewinn darstellte, solange dort im
Gegensatz zu beim Arbeitsamt beschäftigten Mitarbeitern finanzi-
elle Anreize zu erfolgreicher Vermittlung gegeben wurden. Denn die
Agenturen haben somit einen größeren Anreiz als die Arbeitsamtsmitarbeiter, sich bei der Vermittlung anzustrengen.

Jedoch führten diese ergebnisbezogenen Honorare bei einer an-
genommenen Risikoaversion der kleinen Agenturen zu einem Effizienzverlust. Denn die Agenturen bewerten negativ, dass sie bei
gleicher Anstrengung sehr verschiedene Honorare bekommen, da sie
zum Beispiel auf ein gewisses Mindesthonorar zum unternehmeri-
schen Überleben zwingend angewiesen sind und verlangen deshalb
eine Risikoprämie vom Arbeitsamt. Im Modell wurde gezeigt, dass
sich diese Risikoprämie reduzieren und die Anstrengung und somit auch die Effizienz steigern liesse, wenn das Arbeitsamt bereits

---

Ergebnisse auf die Realität nur begrenzt zuläßt..

Teilerfolge honorierte, da damit die Varianz des Gesamthonorars nicht mehr so groß wäre. Insofern ist die Tatsache, dass das Arbeitsamt bei der momentanen Regelung Honorare für die Vermittlung und zusätzliche Honorare zahlt - falls der Arbeitslose noch mindestens sechs Monate seinen vermittelten Job behält - als ökonomisch sinnvoll zu bewerten, da dadurch die Risikoprämie gesenkt und die Effizienz gesteigert werden kann. Jedoch würde eine weitere Aufspaltung des Honorars auf Teilerfolge die Varianz des Gesamthonorars und damit die Risikoprämie weiter senken. Deshalb müsste empirisch geprüft werden, ob weitere Zwischenhonorare eine höhere Ersparnis durch eine geringere Risikoprämie bringen, als sie Verwaltungskosten verursachen. Die optimale Anzahl von Zwischenhonoraren wäre erreicht, wenn die Verwaltungskosten dieses Zwischenhonorars genauso hoch sind wie ihre zusätzliche Ersparnis durch eine geringere Risikoprämie.

In meinem Modell war es effizient, wenn das Arbeitsamt eine sehr hohe Prämie zahlte, die bei wenig Risikoaversion fast identisch mit dem eingesparten Arbeitslosengeld war, aber auf der anderen Seite eine Grundgebühr für den Vermittlungsauftrag von den Agenturen forderte. Im von der Bundesregierung eingeführten Modell gibt es dagegen keine Grundgebühr und nur ein recht geringes Erfolgshonorar, das sogar unter dem Wettbewerbspreis auf dem privaten Arbeitsvermittlungsmarkt liegt. Deshalb ist zu prüfen, ob das Arbeitsamt keine Gebühr von den Agenturen verlangt, weil es eine sehr hohe Risikoaversion der Agenturen annimmt und deshalb die Honorare nicht zu weit spreizen möchte, oder ob andere Gründe, wie zum Beispiel eine Haftungsbeschränkung, bestehen. Falls die Risikoaversion tatsächlich so hoch ist oder eine Grundgebühr so hohe Verwaltungskosten verursachen würde, dann wäre die momentane Lösung des Arbeitsamtes effizient. Falls dies aber nicht der Fall wäre, dann müsste die Bundesregierung überlegen, ob sie nicht doch eine Grundgebühr einführen wollte, um mit diesem Geld auch deutlich höhere Erfolgsprämien setzen zu können. Damit könnte sie einerseits dem Vorwurf der zu geringen Prämien entgegentreten und andererseits stärkere Leistungsanreize setzen.[158]

Beim momentanen Gutscheinsystem kann ein Arbeitsloser mehrere Agenturen mit seiner Vermittlung beauftragen; jedoch selbst wenn alle ihm ein adäquates Jobangebot machen, wird er höchstens eines dieser Angebote annehmen, und somit wird nur diese eine Agentur für ihr Angebot bezahlt. Wie im Modell ersichtlich, kann dies effizient sein, vor allem wenn niedrigere Anstrengungen der Agenturen zu einem optimalen Ergebnis führen. Wenn jedoch höhere Anstrengungen optimal wären und eine empirische Analyse ergäbe, dass der in diesem Fall von den Agenturen verlangte Risikoaufschlag - aufgrund der Gefahr trotz erfolgreicher Vermittlung nicht zum Zuge zu kommen - höher wäre als der Effekt durch höhere Vermittlungswahrscheinlichkeit durch mehrere Agenturen, ist es effizienter, wenn der Arbeitslose nur eine Agentur beauftragen dürfte. Man könnte dem Arbeitslosen in diesem Fall zugestehen, dass er erst nach Ablauf der Gültigkeitsdauer des Gutscheins von drei Monaten der alten Agentur kündigen und eine neue Agentur beauftragen dürfte.

Von der praktischen Seite, die nicht im Modell erfasst wurde, ist allerdings zu beachten, dass der Arbeitslose dann drei Monate lang keinerlei Möglichkeit hat, eine andere Agentur zu beauftragen, wenn er mit der momentanen Agentur nicht zurechtkommt oder er den Eindruck hat, dass diese nicht wirklich für ihn sinnvolle Jobs sucht. Als Kompromiss böte sich dann an, dass der Arbeitslose die

---

[158]Sicherlich gibt es jedoch auch noch andere Gründe, die gegen eine zu hohe Spreizung der Honorare zum Beispiel durch eine Grundgebühr sprechen. So würde damit auch der Anreiz zum Missbrauch verstärkt und das juristische Problem, dass die Agentur behaupten könnte, den Arbeitslosen vermittelt zu haben, dieser aber den Job einfach nicht annehmen wolle, wäre relevanter.

Möglichkeit hätte, einer Agentur zu kündigen, und sich dann erst eine neue zu suchen. Bei der alten Agentur fielen dann keine weitere Kosten an; außerdem könnte man ihr einen Teil oder die komplette Grundgebühr erlassen, je nachdem wie lange sie schon erfolglos den Vermittlungsauftrag hatte.

Im Modell wurde festgestellt, dass die Agenturen den Anreiz haben, sich die ihrer Erwartung nach einfacher zu vermittelnden Arbeitslosen herauszusuchen, da sie dort geringere Vermittlungskosten oder höhere Erfolgswahrscheinlichkeiten erwarten. Dies führt jedoch dazu, dass keine Agentur bereit wäre, Langzeitarbeitslose zu vermitteln und das Arbeitsamt diese Arbeitslosen, die sich zudem noch am unwahrscheinlichsten selbst einen Job suchen können, weiter unterstützen müsste. Dieser Tendenz ließe sich jedoch entgegenwirken, wenn die Honorare an die erwarteten Vermittlungshemmnisse angepasst würden. Es wurde gezeigt, dass es hier ein Gleichgewicht geben kann, wenn nur die extern beobachtbaren Merkmale als Indikator für die Vermittlungskosten genutzt werden. Wenn nun die Arbeitslosigkeitsdauer der hauptsächlich relevante Indikator für die Vermittlungskosten wäre, dann sollten sich die Honorare an diesen orientieren.

Insofern würde die momentane Regelung der Regierung, die verschiedene Honorare für Arbeitslose nach drei, sechs und neun Monaten Arbeitslosigkeit vorsieht, die Effizienz steigern und wäre ökonomisch sinnvoll. Jedoch besteht hier das Problem, dass noch andere externe Merkmale wie Alter, Berufsausbildung oder Geschlecht beobachtbar sind. Insofern könnte sich die Gewinnerwartung der Agenturen auch nach diesen richten, und es entstünden wieder Selektions- und Creaming-Effekte. Da die Abstände drei, sechs und neun Monate sehr grob gewählt sind und sich die Honorare 1.500, 2.000 und 2.500 Euro beträchtlich unterscheiden, hätten Agenturen zudem einen starken Anreiz, eher die sechs und neun

Monate Arbeitslosen zu vermitteln als die fünf oder 18 Monate
Arbeitslosen. Außerdem bestünde der Anreiz, eine erfolgreiche Vermittlung noch über die Schwelle von sechs oder neun Monaten zu
verzögern, da dann ein deutlich höheres Honorar gezahlt würde.
Diese Effekte ließen sich reduzieren, wenn die Honorarstaffelung
differenzierter gestaltet würde und so zum Beispiel bezüglich jeden
Monats Arbeitslosigkeit ein anderes Honorar gezahlt würde oder
andere externe Merkmale wie Berufsausbildung oder Alter mit zur
Honorarkalkulation herangezogen würden. Jedoch führte dies wieder zu mehr Verwaltungsaufwand, womit sich die optimale Lösung
aus einem Trade-Off zwischen erhöhtem Verwaltungsaufwand einerseits und effizienteren Prämien durch die Differenzierung auf der
anderen Seite ergeben würde.

## 8.2   Einbeziehung des Arbeitslosen

In der vom Arbeitsamt umgesetzten Reform darf die Agentur vom
Arbeitslosen nur ein Honorar bis zu einem Höchstsatz von 2.500
Euro verlangen. In der Presse forderte dagegen der FDP-Politiker
Günther Rexrodt, dass Arbeitslose in beliebiger Höhe Vermittlungshonorare zahlen dürfen sollten. In dem Modell wurde eine für den
Arbeitslosen optimalere Vermittlungsanstrengung der Agentur erreicht, als das Arbeitsamt das Maximierungskalkül des Arbeitslosen nicht antizipieren und der Arbeitslose das Vermittlungshonorar
des Arbeitsamtes beliebig aufstocken konnte Denn nur so wurde
sowohl der Gewinn des Arbeitslosen als auch der des Arbeitsamtes aus der Vermittlung bei der Kalkulation der optimalen Vermittlungsanstrengung berücksichtigt. Somit wäre es unter diesen
Vorraussetzungen ökonomisch für alle Akteure effizienter, wenn der
Arbeitslose ein beliebig hohes Vermittlungshonorar zahlen dürfte.

    Jedoch muss hier auch beachtet werden, dass dieser Fall im
Modell nur dann eintrat, als der Arbeitslose die Eigenschaften der

Agenturen kannte. Wo dies nicht der Fall war, konnte der Arbeitslose zwar weiterhin ein höheres Honorar als das Wettbewerbshonorar anbieten und, wenn er „Glück" hatte, stieg damit neben einer erhöhten Vermittlungswahrscheinlichkeit auch sein erwarteter Nutzen. Es konnte ihm jedoch auch passieren, dass er dann an eine unproduktive Agentur geriet, die zu diesem höheren Honorar wieder auf dem Markt war, aber sich sogar noch weniger anstrengte als die produktive Agentur bei einem niedrigeren Honorar. Wenn der Arbeitslose das Honorar zu stark erhöhte, dann war es zudem möglich, dass sein erwarteter Gewinn aus einer wahrscheinlicheren Vermittlung geringer stieg als die Kosten durch ein höheres Honorar, womit auch sein erwarteter Gesamtgewinn sank.

Wenn man sich nun in der Realität einen Fall vorstellt, bei dem der Arbeitslose deutlich weniger Marktinformation als die anderen Akteure hat, dann gäbe es somit eine gewisse Berechtigung von Seiten des Gesetzgebers, den Arbeitslosen vor diesem Risiko durch Fehlkalkulation zu schützen, indem er eine Honorarobergrenze festsetzt.

Ein weiteres Problem entsteht, wenn das Arbeitsamt das Maximierungskalkül des Arbeitslosen antizipieren kann. Denn dann würde es sein Honorar stark reduzieren, da es weiss, dass es damit den Arbeitslose dazu bringen kann, das Honorar noch stark aufzustocken. Im Modell wurde gezeigt, dass dies sogar zu einem geringeren Gesamthonorar und damit einer geringeren Effizienz führen kann, gegenüber dem Fall, wo nur das Arbeitsamt ein Honorar zahlen darf. Wenn zu erwarten ist, dass das Arbeitsamt sein Honorar auf Kosten des Arbeitslosen reduziert, wäre es daher auch in diesem Fall effizienter, wenn nur das Arbeitsamt ein Honorar zahlen dürfte.

Im bereits von der Regierung umgesetzten Gutscheinmodell ist es so, dass das Arbeitsamt einen Gutschein ausstellt und der Arbeitslose dann eine Agentur auswählt. Vorstellbar wäre jedoch auch, dass das Arbeitsamt eine Agentur aussucht und den Arbeitslosen an diese überweist. Wenn Arbeitsloser und Arbeitsamt die gleichen Informationen über die Agentureigenschaften haben, hätten beide den selben Anreiz, eine produktive Agentur vorzuziehen, womit sich somit kein Unterschied ergäbe, wer die Agentur auswählt. Der Arbeitslose könnte auch in beiden Fällen noch das Honorar aufstocken, um eine effizientere Anstrengung zu bewirken.

In einer Abwandlung des Modells gehe ich jedoch davon aus, dass nur das Arbeitsamt als größere und erfahrungsreichere Organisation, die schon lange auf dem Markt tätig ist, die Eigenschaften der Agenturen kennt, während sie dem Arbeitslosen verborgen ist. In diesem Fall wäre die momentane Handhabung des Arbeitsamtes, bei der der Arbeitslose die Agenturen aussucht, nicht effizient, sondern das Arbeitsamt sollte stattdessen die Arbeitslosen einer geeigneten Agentur zuweisen. Denn der Arbeitslose könnte aufgrund seiner Uninformiertheit eine unproduktive Agentur auswählen, oder aufgrund mangelnder Information ein weniger effizientes Honorar zahlen.

Auf der anderen Seite ist es jedoch auch denkbar, dass das Arbeitsamt als große Institution die auf dem Markt befindlichen Agenturen zwar besser kennt, der Arbeitslose selbst aber besser beurteilen kann, wer ihn bezüglich seines persönlichen Anliegens effizienter unterstützen kann. Dies könnte besonders dann relevant werden, wenn der Arbeitslose die Agentur wechseln möchte, weil er davon überzeugt ist, dass seine momentane Agentur ihm nicht weiterhelfen kann. In diesem Fall hätte der Arbeitslose spezifische Informationen, die dem Arbeitsamt verborgen sind. Hier wäre es dann eventuell wieder effizienter, wenn der Arbeitslose die Agentur selbst aussucht, da seine spezifische Information relevanter als die allgemeine Information des Arbeitsamtes ist.

Als Politikempfehlung wäre deshalb zu geben, dass in der Realität empirisch geprüft werden sollte, wer über die für die Vermittlung relevanteren Informationen verfügt, und diesem die Entscheidung überlassen werden sollte, die Agentur auszuwählen. Denkbar wären eventuell auch Mischmodelle, bei denen das Arbeitsamt zum Beispiel eine Vorauswahl von aus seiner Sicht produktiven Agenturen trifft, aus denen der Arbeitslose sich dann eine für ihn speziell geeignete heraussucht.

## 8.3 Externe versus interne Anreize

Laut Auskunft des Arbeitsamtes[159] gibt es bei der BA bisher keinerlei erfolgsbezogene Bezahlung von Arbeitsvermittlern. Diese haben somit nach unserer Analyse zumindest keinen monetären Anreiz, sich bei der Vermittlung anzustrengen. Auf der anderen Seite führte die Bundesregierung ein Gutscheinmodell ein, das unter anderem durch Leistungsanreize an private Vermittlungsagenturen die Ergebnisse der Arbeitsvermittlung verbessern sollte. Kritiker meinten jedoch nun, dass solche Anreizsetzung auch durch eine Veränderung des Gehaltssystems bei den Arbeitsvermittlern der BA erreicht werden könnte.

Anhand des Modell habe ich deshalb untersucht, ob eher eine Anreizsetzung an die Arbeitsvermittler der BA oder aber an private Agenturen die Effizienz in der Arbeitsvermittlung erhöhen könnte. Dabei bin ich davon ausgegangen, dass die Arbeitsamtsmitarbeiter deutlich risikoaverser sind als die privaten Agenturen. Zudem ging ich davon aus, dass die Vermittler des Arbeitsamtes und der Agenturen gleich hohe Kosten und Erfolgswahrscheinlichkeiten bei der Vermittlung haben. Das Modell hat gezeigt, dass die Entscheidung, wer effizienter vermittelt, davon abhängt, welche Ko-

---

[159]Telefonat mit Herrn Peter Weber, Bundesanstalt für Arbeit (BA)

sten beim Arbeitsamt durch die externe Vergabe entstehen. Wenn
diese Kosten durch Verwaltung und beschäftigungslos gewordene
Beamte geringer sind als die höheren Risikoprämien bei den risikoaversen Beamten, wäre es sinnvoller, die Arbeitsvermittlung mit
Leistungsanreizen an externe Vermittler - ähnlich dem holländi-
schen Modell - zu vergeben. Die BA müsste dann in diesem Bereich
nur noch die Kontrolle und Verwaltung sicherstellen.[160] Wenn jedoch die genannten Kosten bei der Auslagerung höher sind als die
eingesparte Risikoprämie bei externer Vergabe, wäre es effizienter,
Leistungsanreize an die bereits in der BA arbeitenden Vermittler
zu setzen, anstatt die Vermittlung an externe Vermittler zu vergeben. So könnten die Beamten zum Beispiel einen Bonus auf ihr
momentanes Gehalt bekommen, wenn sie viele Vermittlungserfol-
ge vorzuweisen haben, oder aber einem neuen Vertrag zustimmen,
der ein geringeres Grundgehalt, dafür aber hohe erfolgsabhängige
Prämien vorsieht.

Denkbar wäre zumindest mittelfristig auch eine Zwischenlösung.
Denn Kosten für beschäftigungslose Arbeitsamtsmitarbeiter würden wahrscheinlich erst dann entstehen, wenn wirklich ein Großteil der Vermittlungen von privaten Agenturen übernommen würde.
Momentan betreut selbst nach Aussage der BA jeder ihrer Mitarbeiter zu viele Arbeitslose, so dass eine begrenzte Übernahme von
Arbeitslosen durch private Agenturen diese Beamten nicht beschäftigungslos machen würde. Somit könnte auch erreicht werden, dass
die Anzahl von Arbeitslosen, die ein Mitarbeiter der BA betreut,
auf ein Maß reduziert wird, wie es auch in privaten Vermittlungs-

---

[160]Hier wurden jedoch eventuell relevante Aspekte wie die Informationszersplitterung durch
private Agenturen und deren möglicherweise effizientere und innovativere Vermittlungsarbeit vernachlässigt. Deshalb könnte es sinnvoll sein, um unnötige doppelte Suchkosten zu
verhindern, wenn, - unabhängig wer die Vermittlungen durchführt - das Arbeitsamt weiterhin einen allen Akteuren offenen Informationspool erstellt, in dem alle ihm gemeldeten
offenen Stellen und an dem Pool interessierten Arbeitslosen vermerkt sind.

agenturen als effizient angesehen würde.

Denn private Agenturen nehmen nur so viele Aufträge an, dass sie für jeden Arbeitslosen genug Zeit für die gewinnmaximierende Anstrengung haben. Bei jedem zusätzlichen Auftrag müssten sie sonst eine geringe Anstrengung vornehmen, was den Gesamtgewinn reduziert. Die Arbeitsamtsmitarbeiter bekommen jedoch eine gewisse Anzahl von Arbeitslosen vom Arbeitsamt zugeteilt. Wenn sie nun zu viele Arbeitslose zugeteilt bekommen, um bei allen eine optimale Vermittlungsanstrengung vornehmen zu können, werden die Mitarbeiter entweder bei allen Arbeitslosen die Anstrengungen senken oder sich auf wenige Fälle konzentrieren, was beides die Effizienz in der Arbeitsvermittlung senkt. Um dies zu verhindern, sollte das Arbeitsamt seinen Mitarbeitern genau so viele Arbeitslose zuteilen, dass diese bei allen Klienten die optimale Vermittlungsanstrengung gewährleisten können. Als Richtwert könnte die Anzahl pro Vermittler dienen, die sich auf dem privaten Markt eingependelt hat und momentan deutlich unter der Zahl von Arbeitslosen liegt, die die Arbeitsamtsmitarbeiter betreuen müssen.[161]

Zudem wäre auch eine Aufteilung nach Schwierigkeit der Vermittlung möglich. Bei produktiveren Arbeitslosen mit geringen Vermittlungshemmnissen ist die Vermittlungswahrscheinlichkeit zum Beispiel sehr hoch. Da hier ein sehr geringes Risiko einer gescheiterten Vermittlung besteht, könnten diese effizienter von Mitarbeitern der BA vermittelt werden, weil hier die Beamten eine wegen der hohen Vermittlungswahrscheinlichkeit nur geringe Risikoprämie verlangen würden. Außerdem wäre eventuell hier der große Verwal-

---

[161]Bei der Bestimmung der optimalen Arbeitslosenzahl pro Mitarbeiter müssen natürlich auch die Schwierigkeiten bei der Vermittlung betrachtet werden. Da einem Arbeitsamtsmitarbeiter auch die Arbeitslosen zugeteilt werden, die sich problemlos selbstständig einen neuen Job suchen oder sehr einfach zu vermitteln sind, kann die optimale Anzahl von Klienten pro Arbeitsamtsmitarbeiter auch über der optimalen Anzahl auf dem privaten Markt liegen, wo eher schwieriger zu vermittelnde Fälle anzutreffen sind.

tungsaufwand eines Gutscheins wegen der schnellen und leichten Vermittlung nicht angemessen.

Bei schwer Vermittelbaren dagegen ist das Risiko einer gescheiterten Vermittlung trotz hoher Anstrengung wesentlich höher, und Beamte würden hier eine sehr hohe Risikoprämie fordern. Deshalb könnten diese Arbeitslosen eventuell effizienter von privaten Agenturen vermittelt werden. Hier könnte das Arbeitsamt zudem private Vermittler suchen, die über spezielle Kenntnisse in dem Bereich der Langzeitarbeitslosenvermittlung verfügen, die die Arbeitsamtsmitarbeiter nicht haben.

## 8.4 Ausblick

Die Arbeitsvermittlung ist, wie die Arbeitsmarktpolitik allgemein, im Sommer 2002 ein Hauptthema des Bundestagswahlkampfes in Deutschland. An dieser Tatsache lässt sich der Reformbedarf und -druck im Bereich der Arbeitsvermittlung erkennen. Aus den bereits vollzogenen Reformen und den in der Presse und Hartz-Kommission diskutierten Ideen kann man schließen, dass Deutschland, wie einige seiner europäischen Nachbarn, in Richtung mehr Wettbewerb in der Arbeitsvermittlung und einer stärkeren Einbeziehung von privaten Agenturen gehen wird. Diese Arbeit hat theoretisch gezeigt, dass durch diese Schritte unter bestimmten Rahmenbedingungen mehr Effizienz erreicht werden kann, aber auch Umstrukturierungen innerhalb des BA deren Arbeit verbessern könnten. Um Effizienzverluste auszugleichen, müssten die genannten Instrumente genutzt werden.

Um diese Empfehlungen zu verstetigen und zu überprüfen, wären nun weitere Untersuchungen und empirische Analysen notwendig. Einen Ansatzpunkt dazu hoffe ich mit dieser Arbeit gegeben zu haben.

# 9 Anhang

## 9.1 Bibliographie

Adnett, N.J.: State employment agencies and labour market efficiency; in: Cambridge Journal of Economics, Volume 11, Number 3, London, 1987

Bamberg, Günther: Betriebswirtschaftliche Entscheidungslehre, München, 1996

Bamberg, G & Spremann, K: Implications of Constant Risk Aversion; in: Zeitschrift für Operations Research, Band 25, Würzburg, Wien, 1981

Bortnick, Steven and Ports, Michelle: Job search methods of the unemployed, 1991; in Monthly Labor Review, Volume 115, Number 12, 1992

Clark, William: Production Costs and Output Qualities in Public and Private Employment Agencies; in: The Journal of Law & Economics, Volume 31, Chicago, 1988

Clausnitzer, Klaus: Mehr Wettbewerb bei der Vermittlungsarbeit? Ein Plädoyer für die öffentliche Arbeitsvermittlung; in: Modernisierung der öffentlichen Arbeitsvermittlung, Berlin, 1995

Dreas, Susanne & Gerhardt, Michael: Private Vermittlungsagenturen zur beruflichen Wiedereingliederung von Langzeitarbeitslosen - bestehende Barrieren und eine mögliche Neukonzeption; in: Sozialer Fortschritt, Unabhängige Zeitschrift für Sozialpolitik, Jahrgang 51, Heft 1, Bonn, 2002

Eberwein, Wilhelm & Tholen, Jochen: Die öffentliche Arbeitsvermittlung als politisch-sozialer Prozeß, Frankfurt, New York, 1987

Eekhoff, Johann & Milleker, David: Die Aufgaben der Arbeitslosenversicherung neu bestimmen, Bad Homburg, 2000

Entorf, Horst: Mismatch - Arbeitslosigkeit in Deutschland: Eine Kritik bestehender Messkonzepte und neue Evidenz, in: Institut für Arbeitsmarkt und Berufsforschung der Bundesanstalt für Arbeit: Mikroökonomik des Arbeitsmarkts, Nürnberg, 1995

Franz, Wolfgang: Arbeitsmarktökonomik, Berlin, 1991

Franz, Wolfgang & Sell, Stefan: Reform der Bundesanstalt für Arbeit, BA - quo vadis?; in: ifo Schnelldienst, 7/2002, 55. Jahrgang, München, 2002

Institut für Arbeitsmarkt und Berufsforschung: Werkstattbericht: Öffentliche und private Arbeitsvermittlung in Großbritannien: Marktbedeutung im Licht empirischer Befunde; Nürnberg, 1992

Institut für Arbeitsmarkt und Berufsforschung: Labour market research topics: Placement as a Public Responsibility and as a Private Service: An International Comparitive Perspective of the Reorganization of Placement Systems, Nürnberg, 1996

Institut für Arbeitsmarkt und Berufsforschung: Labour market research topics: Job Placement in Germany: Development before and after Deregulation, Nr. 31, Nürnberg, 1998

Institut für Arbeitsmarkt und Berufsforschung: Werkstattbericht: Was und wie man von anderen lernen kann, Nr. 2, 2001, Nürnberg

Internationales Arbeitsamt: Die Rolle der privaten Arbeitsvermittlungen in der Funktionsweise der Arbeitsmärkte; Genf, 1984

Mas-Colell, Andreu: Microeconomic Theory; New York, Oxford, 1995

Konle-Seidl & Walwei, Ulrich: Wandel der Arbeitsvermittlung durch Deregulierung: Mehr Reputation durch Marktöffnung?; in: Sozialer Fortschritt, Unabhängige Zeitschrift für Sozialpolitik, Jahrgang 51, Heft 3, 2002, Bonn

Kräkel, Matthias: Organisation und Management, Tübingen, 1999

Lübbering, Marcus: Eine stärker marktorientierte Sichtweise des ostdeutschen Arbeitsmarktes; in: Neubäumer, Renate: Arbeitsmarktpolitik kontrovers: Analysen und Konzepte für Ostdeutschland, Darmstadt, 1993

Mas-Colell: Microeconomic Theory, New York, Oxford, 1995

Neubäumer, Renate: Arbeitsmarktpolitik kontrovers: Analysen und Konzepte für Ostdeutschland, Darmstadt, 1993

OECD: The public employment service: Austria, Germany, Sweden, Paris, 1996

OECD: Implementing the OECD Jobs Strategy: Assessing Performance and Policy, Paris, 1999

Pissarides, Christopher: Equilibrium Unemployment Theory, Cambridge, London, 2000

Pissarides, Christopher: Job matchings with state employment agencies and random search; in: The Economic Journal, 89, S. 818-833, 1979

Reuter, Norbert: Institutionalismus, Neo- Institutionalismus, Neue Institutionelle Ökonomie und andere „Institutionalismen". Eine Differenzierung konträrer Konzepte: in Zeitschrift für Wirtschafts- und Sozialwissenschaften, 114. Jahrgang, 1994, Berlin

Richter, Rudolf: Neue Institutionenökonomik, Tübingen, 1996

Salanié, Bernhard: The economics of contracts, MIT, Paris, 1997

Schmid, Hans & Rosenbaum, Eckehard: Arbeitslosigkeit und Arbeitslosenversicherung aus ökonomischer Sicht, 1995, Bern, Stuttgart, Wien

Schröder, Helmut: Die Funktion und Rolle des Berufsberaters in: Institut für Arbeitsmarkt und Berufsforschung der Bundesanstalt für Arbeit: Beiträge zur Arbeits- und Berufsforschung, Nürnberg, 1989, 6 A 5001

Sozialgesetzbuch III : - Arbeitsförderung - mit angrenzenden Gesetzen, Verordnungen und BA-Regeln, Stand 15.2.2001, Nürnberg

Walwei, Ulrich: Auf dem Weg zum Kunden. Systeme der Arbeitsvermittlung im internationalen Vergleich, in: Modernisierung der öffentlichen Arbeitsvermittlung, Berlin, 1995

Walwei, Ulrich: Improving Job-matching through Placement Services; in: Schmid, Günther u.a.: International Handbook of Labour Market Policy and Evaluation, Cheltenham, 1996

Williamson, O.E.: Transaction Cost Economics. The Economic Institution of Capitalism, New York, 1985

Wolfstetter, Elmar: Topics in Microeconomics, Cambridge, 1999

Wolff, Brigitta: Organisation durch Verträge, München, 1994

Zweifel, Peter: Private oder öffentliche Arbeitsvermittlung; in: ifo Studien, Zeitschrift für empirische Wirtschaftsforschung, 42. Jahrgang, München, 1996

## 9.2   Weitere Quellen

### 9.2.1   Internet

Arbeitsvermittlung Maatwerk: www.maatwerk.com

Berliner Zeitung; www.berlinonline.de/aktuelles/berliner_zeitung /.html/index.htm

Bundesanstalt für Arbeit: www.arbeitsamt.de

Financial Times Deutschland; www.ftd.de

Das Handelsblatt; www.handelsblatt.com

DER SPIEGEL; www.spiegel.de

Süddeutsche Zeitung; www.sueddeutsche.de

Verband Personalvermittlung e.V.; www.bpv-info.de

Wirtschaftswoche; www.wirtschaftswoche.de

Wright, Randall: Job Search Theory (Lecture Notes),
www.ssc.upenn.edu/~rwright/courses/courses.html

DIE ZEIT; www.zeit.de

### 9.2.2   Interviews per Telefon

Telefonat am 3.7.2002 mit Herrn Peter Weber, Bundesanstalt für Arbeit, Nürnberg

Telefonat am 11.7.2002 mit Herrn Diether Restle, Bundesarbeits-ministerium, Abteilung II, Bonn

## 9.3 Vorläufige Vorschläge der Hartz-Kommission

Modul 1 sieht die familienfreundliche Quick-Vermittlung der Arbeitsämter vor. Der künftige Vermittlungs-Berater erhält mehr Spielräume und betreut höchstens 200 Arbeitslose. Familienväter und Alleinerziehende erhalten Priorität.

Modul 2 definiert die Zumutbarkeitsregeln neu. Auch hier wird nach dem Familienstatus unterschieden. Die Beweislast wird umgekehrt: Künftig muss der Arbeitslose beweisen, dass die von ihm abgelehnte Stelle nicht zumutbar war.

Modul 3 sieht die organisatorische Zusammenlegung von Arbeits- und Sozialämtern vor. Job-Center werden Anlaufstelle für alle „Erwerbsfähigen", die dem Arbeitsmarkt zur Verfügung stehen.

Modul 4 befasst sich mit jugendlichen Arbeitslosen, die „besondere Fördermaßnahmen" benötigen. Hier wird ein „Ausbildungszeit-Wertpapier" für jene ohne Berufsausbildung vorgeschlagen. Jungen Job-Suchenden ohne eigene Familie soll eine „hohe Mobilität" abverlangt werden.

Modul 5 schafft neue „Personal-Service-Agenturen"(PSA). Über die PSA können Unternehmen neue Mitarbeiter suchen, kostenlos auf Probe oder gegen Entgelt Mitarbeiter entleihen oder Trainingsmaßnahmen veranlassen. Das Arbeitsamt bietet jedem Arbeitslosen die Beschäftigung in einer PSA an. Wenn dieser nach drei bis sechs Monaten das Angebot nicht annimmt, erhält er ein reduziertes Arbeitslosengeld.

Modul 6 verbessert den Service für den „Kunden Arbeitgeber". So soll die Bereitschaft der Betriebe steigen, offene Stellen zu melden.

Modul 7 betrifft die Lohnersatzleistungen. Sie werden zu einem Stufensystem zusammengeführt: Sechs Monate Pauschalleistungen mit drei Tagessätzen, weitere sechs Monate regulär berechnetes Arbeitslosengeld, dann zwölf Monate reduziertes Arbeitslosengeld in

138 *Hartz und die Reform der Arbeitsvermittlung*

Höhe der heutigen Arbeitslosenhilfe. Danach wird ein neues „Sozialgeld" gezahlt, das die Sozialhilfe ersetzen soll.

Modul 8 sieht die Auflösung der Aufsicht der Landesarbeitsämter vor. Die Organisation der Bundesanstalt wird verschlankt.

Modul 9 schlägt die Schaffung einer „Ich-AG" oder „Familien-AG" vor. Ziel ist die Bekämpfung der Schwarzarbeit. Einnahmen dieser privaten Selbstständigen sollen bis zu einer Grenze zu zehn Prozent pauschal versteuert werden.

Modul 10 plant Arbeitsplatzbilanzen für alle Betriebe.

Modul 11 ist ein „Bridgesystem" für Ältere. Über 55-Jährige sollen die Möglichkeit erhalten, sich den „Barwert" ihres Anspruchs auf Lohnersatzleistung auszahlen zu lassen. Damit fielen sie aus der Arbeitslosenstatistik heraus.

Modul 12 verbessert die Transparenz der Arbeitsämter unter anderem durch Zielkriterien und ein effektiveres Controlling.

Modul 13 beschreibt einen „Masterplan", mit dem die „Profis der Nation" - Arbeitsamtsmitarbeiter, Parlamentarier, Manager, Gewerkschafter, Vereine - dabei helfen sollen, einen „Bewusstseinswandel herbeizuführen, dass es sich nicht um Arbeitslose der Bundesanstalt, sondern der gesamten Gesellschaft handelt.[162]

---

[162]Berliner Zeitung, 25.6.2002

## 9.4 Abkürzungsverzeichnis

BA: Bundesanstalt für Arbeit
   FTD: Financial Times Deutschland
   PA: Prinzipal-Agent
   PSA: Personal-Service-Agenturen
   DIHK: Deutschen Industrie- und Handelskammer

www.ingramcontent.com/pod-product-compliance
Lightning Source LLC
Chambersburg PA
CBHW020838210326
41598CB00019B/1939